GÉNÉALOGIE

DES MARQUIS

DU CAUZÉ DE NAZELLE

9
3

GÉNÉALOGIE

DES MARQUIS

DU CAUZÉ DE NAZELLE

PAR

JULES DE BOURROUSSE DE LAFFORE

BORDEAUX

G. GOUNOUILHOU, IMPRIMEUR, RUE GUIRAUDE 11

Septembre 1870

DU CAUZÉ DE NAZELLE

CHEVALIERS AU XIIIᵉ SIÈCLE,

SEIGNEURS

DE SAINT-MÉDARD, NAZELLE, LISLE, POULANDON, RELONG LE LONG,
GUIGNICOURT, BEYGENS, PIGNICOURT,
MENNEVILLE, PROVISEUX, COURTISON, LESPINE, SOUDRON, BAN DE BUSSY,
BALIGNAC, CLUZET, ANDIRAN, MAIGNAS, ETC.,

Vicomtes de Prouvais,

VICOMTES CHATELAINS DE NEUFCHATEL

MARQUIS DU CAUZÉ DE NAZELLE

(Par lettres patentes d'août 1753)

En Agenais, Condomois et Champagne.

ARMES : *D'or, au lion de sinople, lampassé et couronné de gueules;
à la fasce de sable, chargée de trois molettes d'éperon d'or, brochant sur le tout.
Couronne de marquis. — Supports deux lions.*

Les marquis du Cauzé de Nazelle établis en Champagne sont originaires
de l'ancien diocèse d'Agen (qui comprenait, avant l'année 1317, le diocèse
de Condom). Ils tirent, selon toute apparence, leur nom patronymique du

1

fief du Cauzé, situé près Condom (et appartenant, vers la fin du règne de Louis XIV, à noble Denis de Vigier, seigneur du Cauzé, époux de noble Priscille du Gout de Daubèze). Ils ont ajouté à ce nom patronymique celui de Nazelle en qualité de seigneurs, durant plusieurs siècles, du château et fief de Nazelle, dans la commune de Dunes, au même diocèse de Condom.

Ils sont d'origine chevaleresque. Ils portent, en effet, au treizième siècle, avant les premiers anoblissements accordés par les rois de France, la qualité de chevalier, comme nous l'apprend le *Cartulaire d'Agen,* manuscrit authentique faisant partie de mes archives, et que je me propose de publier. Avant de citer textuellement le passage de ce cartulaire, dans lequel un du Cauzé est qualifié chevalier, il est à propos de rappeler que les seigneurs de l'Agenais, particulièrement aux douzième et treizième siècles, donnèrent à leur évêque, c'est-à-dire au clergé, la plus grande partie des dîmes qu'ils possédaient dans les paroisses du diocèse. Des bulles très-nombreuses, signées, en 1309, par le pape Clément V, rappellent ces diverses donations de dîmes et les noms des donateurs.

PELLEGRIN DU CAUZÉ, CHEVALIER, seigneur en partie de Saint-Médard, est nommé, avec cette qualité de chevalier, dans une charte de donation de dîme du treizième siècle, rappelée dans une bulle de l'an 1309. Voici le commencement de l'analyse authentique de cette bulle, cotée D. L., relative à des paroisses de l'archidiaconé majeur :

D. L.

« Dans une certaine autre bulle cottée par lettres D. L., on trouve, en outre, comment Raymond Guillaume de Saint-Quitimont délaissa au seigneur notre évêque d'Agen toute la dîme du fief de Rocquête, fief situé dans la susdite paroisse, et toutes ses autres dîmes du diocèse d'Agen, et jura.....

» La même bulle contient, en outre, comment PELLEGRIN DU CAUZÉ, CHEVALIER, délaissa au seigneur notre évêque d'Agen la moitié de la sixième partie de la dîme de la *paroisse de Saint-Médard,* et toutes ses autres dîmes du même diocèse, et jura..... (¹)

(¹) D. L.

IN ARCHIDIACONATU MAJORI. — Item plus in quadam alia bulla cotata per litteras D. L , continetur qualiter Raymundus Guilhelmus de Sancto Quintimo quitavit domino nostro episcopo Agennensi totam decimam feudi de Rocqueta, quod feudum est in parrochia supradicta, ac omnes alias Agennensis diocesis, ac juravit, etc.

Item plus continetur qualiter PELEGRI DE CAUSE, MILES, gratis quitavit domino nostro episcopo Agennensi medietatem sextæ partis decimæ *parrochiæ Sancti Medardi* ac omnes alias Agennensis diocesis, juravit, etc.

(*Cartulaire d'Agen, manuscrit, dans mes archives.* J. DE BOURROUSSE DE LAFFORE.)

La paroisse de Saint-Médard, dont Pellegrin du Cauzé, chevalier, était seigneur, en partie, au treizième siècle, est située entre Agen et le Port-Sainte-Marie, sur les coteaux qui dominent la plaine de la rive droite de la Garonne. MM. de Sibauld étaient seigneurs, durant les deux derniers siècles, du même Saint-Médard, appelé aussi Saint-Mézard.

La famille du Cauzé a donné un très-grand nombre d'officiers aux armées françaises; l'un d'eux fut tué, en 1480, dans les armées du roi Louis XI; un second fut fait prisonnier à la bataille de Pavie avec le roi François Ier, le dimanche 24 février 1525; un troisième fut tué, au siége de Montauban, l'an 1562; un quatrième fut tué, à la bataille de Malplaquet, le 11 septembre 1709; un cinquième, Hérard III du Cauzé de Nazelle, écuyer, capitaine au régiment de Boufflers, frère du précédent, mourut au service; un sixième, le comte Philippe du Cauzé de Nazelle, ancien capitaine, fut tué, le 1er juillet 1815, par un cosaque, dans l'exercice de ses fonctions d'adjoint au maire de Châlons-sur-Marne. — Trois du Cauzé de Nazelle ont été lieutenants de nos seigneurs les maréchaux de France, après avoir été officiers: le premier de ces trois fut assez heureux, en 1674, pour saisir les trames d'un complot ourdi contre la sûreté de l'État par le chevalier de Rohan et Georges du Hamel, sieur de Latréaumont. La même famille du Cauzé de Nazelle a fourni un très-grand nombre d'autres officiers: deux gouverneurs de la ville de Châlons-sur-Marne, un lieutenant-colonel, un colonel, sous-lieutenant des gardes du corps du roi, huit chevaliers de Saint-Louis, etc.

Louis-Charles-Victor du Cauzé de Nazelle, vicomte de Prouvais, seigneur de la vicomté et châtellenie de Neufchâtel, seigneur de Nazelle, Guignicourt, Poulandon, Menneville, Proviseux et autres lieux, ancien capitaine de dragons au régiment de Caraman, lieutenant de nos seigneurs les maréchaux de France dans la province de Guienne, chevalier de l'ordre royal et militaire de Saint-Louis, puis gouverneur de la ville de Châlons, vit ses terres et seigneuries de Neufchâtel, Pignicourt, Menneville et Proviseux (desquelles relevaient un très-grand nombre d'autres seigneuries), érigées en sa faveur en titre de marquisat, sous le nom de *marquisat du Cauzé de Nazelle*, par lettres patentes datées du mois d'août 1753. Ce premier marquis du Cauzé de Nazelle est le grand-père du chef actuel de la famille.

I

Branche des marquis du Cauzé de Nazelle

I. Noble CHARLES DU CAUZÉ, par lequel je commencerai la filiation suivie, naquit au commencement du règne de Charles VII, vers l'époque glorieuse où ce prince et les illustres capitaines Arnaud-Guilhem de Faudoas, seigneur de Barbazan (déposé, en 1434, dans la basilique de Saint-Denis, à côté des rois de France), Pothon de Saintrailles, Étienne de Vignoles, célèbre sous le nom de La Hire, Jean, bâtard d'Orléans, comte de Dunois, etc., aidés de Jeanne Darc, livraient des combats incessants pour débarrasser notre patrie de toute domination anglaise, époque mémorable et particulièrement glorieuse pour la noblesse française, qui remit définitivement la France en possession d'elle-même.

Les lettres patentes d'érection du marquisat du Cauzé de Nazelle nous font connaître les motifs qui portèrent le monarque à ériger ce marquisat en faveur d'un descendant direct de ce Charles du Cauzé :

« ...... Mettant d'ailleurs en considération, dit le souverain, l'ancienneté de la noblesse dudit sieur exposant, dont la famille est une des plus illustres de notre province de Guienne, et les services considérables que lui et ses ancêtres nous ont rendus, et à l'État depuis près de trois siècles; nous avons été informé que, dès l'an 1480, noble Charles du Cauzé fut tué dans les guerres de Louis XI contre Maximilien...... » *(Lettres patentes d'érection du marquisat du Cauzé de Nazelle, août 1755.)*

Charles du Cauzé eut pour fils François, qui a continué la postérité.

II. FRANÇOIS DU CAUZÉ, Ier du nom, porta les armes et se distingua comme son père. Après avoir constaté que noble Charles du Cauzé fut tué, l'an 1480, dans les guerres de Louis XI contre Maximilien d'Autriche, qui fut depuis empereur, les lettres patentes déjà citées ajoutent :

« François du Cauzé, son fils, qui servit sous François Ier, fut fait prisonnier, en 1525, à la bataille de Pavie, en combattant sous les yeux du roi. » *(Idem.)*

Deux fils de François du Cauzé, Ier du nom, portèrent les armes, se montrèrent dignes de leurs ancêtres, et méritèrent, par leur valeur, d'être mentionnés dans les motifs qui déterminèrent le roi de France à ériger le marquisat du Cauzé de Nazelle :

1º CHARLES DU CAUZÉ, IIᵉ du nom, capitaine d'une compagnie de chevau-légers, tué, au mois d'octobre 1562, au siége de Montauban (qu'il ne faut pas confondre avec le siége de la même ville, fait par le roi Louis XIII, du commencement du mois d'août au commencement de novembre 1621). Antoine de Lomagne, baron de Terride et vicomte de Gimoez, capitaine d'une compagnie de cinquante hommes d'armes, commença, le 9 octobre 1562, le siége de la ville de Montauban, où il perdit le capitaine de Bazordan, le capitaine Charles du Cauzé et douze à quinze cents, et peut-être deux mille hommes, avant le 3 novembre suivant, date de la levée du siége. (*Lettres patentes de l'érection du marquisat du Cauzé de Nazelle; Commentaires de Monluc; Histoire générale de Languedoc,* édition de 1840, t. VIII, p. 395); 2º FRANÇOIS II, qui a continué la postérité.

III. FRANÇOIS DU CAUZÉ, IIᵉ du nom, capitaine d'une compagnie d'infanterie au même siége de Montauban (octobre 1562), reçut plus tard, en souvenir de la valeur qu'il avait montrée en cette circonstance importante, de nombreux bienfaits du roi Henri III. Les lettres patentes susmentionnées constatent la filiation et la belle conduite de ces deux frères dans les termes suivants :

« ...... Charles du Cauzé, un de ses enfants (de François I du Cauzé, prisonnier à la bataille de Pavie en 1525), capitaine d'une compagnie de chevau-légers, fut tué au siége de Montauban, et François du Cauzé, son autre fils, qui commandait une compagnie d'infanterie, donna, au même siége, de si grandes marques de valeur que le roi Henri III le combla de bienfaits. » (*Lettres patentes citées, reproduites textuellement plus loin.*)

Ces lettres patentes de 1753 énoncent par erreur que François du Cauzé, IIᵉ du nom, est le *père* de Jean-François du Cauzé, seigneur de Nazelle; elles auraient dû dire le *grand-père*. Le même François II n'a eu qu'un fils :

IV. ANTOINE DU CAUZÉ, Iᵉʳ du nom, fils unique de François II, qui précède, épousa damoiselle N.... DU BOIS, dont il eut noble Jean-François du Cauzé, écuyer, seigneur de Nazelle. Il est le quatrième aïeul paternel du premier marquis du Cauzé de Nazelle, qui forme le neuvième degré de cette généalogie, et le trisaïeul de noble Jean-Louis I du Cauzé, écuyer, seigneur de Balignac, du Cluzet et d'Andiran. La grosse, ou l'expédition en forme légale du contrat de mariage d'Antoine du Cauzé avec damoiselle N... du Bois, était, en 1769, dans les archives dudit seigneur de Balignac.

Je n'ai pu retrouver ce contrat de mariage, mais les deux pièces suivantes constatent ce que l'on vient de lire sur Antoine : — Un frère puîné du premier marquis du Cauzé de Nazelle devait être reçu chevalier de Malte, et l'on avait réuni tous les principaux titres à produire du côté paternel pour cette réception. Un mémoire ou catalogue mentionnait qu'il fallait, en outre, se procurer le contrat de mariage dudit Antoine, *quartayeul* (quatrième aïeul) du présenté, comme on va le voir :

« Mémoire pour noble   du Cauzé.

» Il faut son extrait baptistaire légalisé par l'évêque du diocèse;
» Rapporter le bref de minorité;
» La quittance du passage;
» Un arbre généalogique représentant les huit quartiers. tant paternels que maternels.

» COSTÉ PATERNEL.

» Il faudrait tâcher d'avoir le contrat de mariage d'*Antoine du Cauzé, quartayeul paternel.*
» Il faudra tacher de trouver quelques pièces pour accompagner le contrat de mariage *dudit Antoine et de Jean-François, son fils.*
» Il faut rechercher le contrat de mariage de Jean de Mellet avec damoiselle Marie de Lartigue...... »

(Archives de la famille de Raymond.)

Antoine du Cauzé était donc le *père* de Jean-François, à partir duquel tous les contrats de mariage existent dans les archives de la famille.

La seconde pièce, dans laquelle il est question de ce quatrième aïeul et de son mariage avec damoiselle N... du Bois, est la lettre suivante, dont l'original existe dans mes archives, écrite de Châlons-sur-Marne, le 9 août 1769, à Mᵉ Laroche, procureur au sénéchal d'Agen, par messire Louis-Charles-Victor du Cauzé, chevalier, seigneur de Nazelle, Guignicourt, Neufchâtel, etc., vicomte de Prouvais, premier marquis du Cauzé de Nazelle, capitaine de cavalerie, chevalier de Saint-Louis, lieutenant des maréchaux de France en Guienne, gouverneur de la ville de Châlons-sur-Marne :

« ...... L'année dernière, au mois de juin (1768), je remis à M. d'Hozier, généalogiste de France, généralement tous mes titres et papiers pour mettre en règle ma généalogie et minsérer dans les volumes qui paraissent successivement du

Nobiliaire de France. Pour la faire en règle, javais besoin du secours de ma famille de chez vous, et surtout de M. de Balignac, qui, comme le plus ancien de nous toults, devoit me donner le plus déclercisséments......

» Je vais vous expliquer ce que je demande.... ..

» Il faut parler de *mon quadrisayeul.*

» *M. de Balignac a en forme son contrat de mariage.* Je luy en demande la copie telle quelle est. *Il a épousé une du Bois,* et étoit *unique.* Je ne demande que cette pièce pour ce degrès là. Cette copie en forme du contrat de mariage de cet ayeul, qui étoit le trisayeul de M. de Balignac, et qu'il dit avoir, qu'on me l'envoye......

» J'ai tous les testaments et les contrats de mariage des lignes directes. Celuy de mon trisayeul (Jean-François) qui a épousé une Redon ; celuy de mon bisayeul (Hérard I) qui a épousé une Melet de Saint-Ourens. Celuy de mon grand père (Jean-Charles) ; celuy de mon père (Hérard II) ; le mien. Mais ce que j'ignore, et que M. de Balignac me laisse ignorer, c'est de savoir si ce trisayeul avoit frère ou sœur, leur mariage et leur état ; de même de mon bisayeul, grand père de M. de Balignac et qui doit le sçavoir, comme il sçait luy-même combien il a de frères......

» NAZELLE. »

(Original faisant partie de mes archives. J. DE BOURROUSSE DE LAFFORE.)

Ainsi, Antoine du Cauzé était fils unique et il eut de son mariage avec damoiselle N... du Bois, Jean-François, qui suit :

V. Noble JEAN FRANÇOIS DU CAUZÉ, écuyer, seigneur de Nazelle, fils d'Antoine du Cauzé, écuyer, et de damoiselle N... du Bois,

« servit avec distinction sous les rois Henri IV et Louis XIII, »

disent les lettres patentes d'érection du marquisat du Cauzé de Nazelle ; mais ces lettres patentes et d'Hozier avec elles commettent une erreur grave en le disant *fils* de François du Cauzé, IIᵉ du nom, capitaine d'infanterie au siége de Montauban (octobre 1562) ; il n'était que le petit-fils de ce François II.

Le 18 mai 1622 fut signé le contrat de mariage entre noble Jean-François du Cauzé, écuyer, seigneur de Nazelle (fils d'Antoine et petit-fils de François II susnommés), et noble ANNE DE REDON, fille de noble Florimond de Redon, écuyer, seigneur du château noble des Fosses en la commune de Montesquieu en Bruilhois, conseiller du roi, lieutenant principal en la sénéchaussée d'Agen, et de damoiselle Tècle de Cieutat. (D'HOZIER, *Armorial général de France, généalogie de Redon ; — Lettres patentes de 1753 citées.)* Jean de Redon, l'un des frères de la mariée, avait, quelques années avant, au mois de juillet 1612, fait ses preuves de noblesse au grand Prieuré de Toulouse, pour être reçu chevalier de l'ordre de Saint-Jean de Jérusalem (Malte). Il est, en conséquence, qualifié chevalier de Malte dans un cahier de reconnaissances faites à son père, Florimond de Redon, en date des années 1617, 1618 et 1619 (*Originaux et* d'Hozier *cité*). Nous verrons deux autres frères d'Anne de Redon, nobles Jean de Redon, seigneur de Laval, vice-sénéchal d'Agenais et de Condomois, et Laurent de Redon, conseiller et procureur du roi à la cour présidiale et sénéchale d'Agen, assister, en 1642, au contrat de mariage d'un fils de ladite Anne.

De Redon porte : *d'azur, à deux tours d'argent posées l'une à côté de l'autre*.

Le seigneur de Nazelle mourut avant le 21 septembre 1631, date du contrat de mariage passé entre sa veuve Anne de Redon, et M. M⁰ Jean de Mellet, écuyer, seigneur de Fondelin et de Saint-Orens, conseiller du roi, puis président à la cour présidiale de Condom.

A propos de ce Jean de Mellet, seigneur de Fondelin, je trouve, dans la généalogie de Mellet, insérée par d'Hozier dans le cinquième registre de l'*Armorial général de France,* des erreurs et des omissions, que des actes authentiques, mis sous mes yeux, me permettent de réparer. Mais comme il existe des erreurs et des omissions bien autrement graves et regrettables commises par d'autres auteurs, et par cela même accréditées dans une certaine mesure, je me propose de traiter ces diverses questions d'une manière spéciale, et pour cela d'insérer dans un autre volume une généalogie plus exacte ou plus complète de la maison de Mellet. Je me borne, dans le travail consacré aux du Cauzé de Nazelle, à constater certains faits, dont je fournirai la preuve dans le travail sur les MM. de Mellet. Ainsi Jean de Mellet, seigneur de Fondelin, épousa : 1° le 15 février 1609, damoiselle Tècle de Raymond, fille de noble Jean de Raymond, écuyer, et de Serène de Redon, et de ce mariage eut Robert, qui a continué les seigneurs de Fondelin, et Serène de Mellet ; 2° le 21 juillet 1617, damoiselle Marie de Lartigue, fille de feu M⁰ Augustin de Lartigue, en son vivant avocat à Condom, et de damoiselle Isabeau d'Anglade ; il en eut Marie de Mellet ; 3° le 21 septembre 1631, damoiselle Anne de Redon, veuve de noble Jean-François du Cauzé, seigneur de Nazelle ; il en eut Laurent de Mellet, auteur des marquis de Bonas. — *(Actes authentiques aux archives de Madame la comtesse Marie de Raymond, Agen.)*

On connaît trois fils nés de l'union de Jean-François du Cauzé, seigneur de Nazelle, avec Anne de Redon :

1° Hérard, qui a continué la postérité; et non Henri, comme la nouvelle édition de l'*Armorial général de d'Hozier* le dit par erreur, au registre septième, p. 2; généalogie du Cauzé de Nazelle;

2° Noble Jean-Charles du Cauzé, Ier du nom, écuyer, sieur de Lille, et du chef de son épouse seigneur de Castelvieil, n'est pas mentionné par d'Hozier. Il s'est marié, par contrat du 20 juin 1654, passé au château de Castelvieil, avec noble Jeanne-Antoinette de Labrunetière, majeure et maîtresse de ses droits, fille de feu noble Joseph de Labrunetière, écuyer, seigneur du château noble de Castelvieil, et de damoiselle Anne de Sibault de Saint-Mézard. Il est stipulé dans le contrat que les futurs époux constituent une société d'acquets, et que le futur époux apportera une somme de 12,000 livres, destinée à payer les dettes hypothéquées sur les biens de Castelvieil, situés dans la paroisse de Saint-Cirice, juridiction de Fauguerolles en Albret, et que ledit sieur du Cauzé, futur époux, aura ses reprises sur lesdits château et terres de Castelvieil. Damoiselle Anne de Redon donnera 5,000 livres sur les douze qui doivent être apportées par son fils, futur époux.

Les armes de Labrunetière étaient : *d'hermine, à trois chevrons.*

Ledit Jean-Charles, Ier du nom, avait tenu sur les fonds baptismaux, en 1647, son neveu Jean-Charles, IIe du nom, qui a continué les seigneurs de Nazelle; aussi voit-on que le 16 avril 1690, par acte passé devant Me Gélieu, notaire royal d'Agen, « noble Jean-Charles du Cauzé, escuyer, sieur de Lille, habitant de son » château de Castelvieil, paroisse de Fauguerolles en Albret,...... fait don et » donation par ces présentes pure et simple entre vifs et à jamais irrévocable en » faveur de noble Jean-Charles du Cauzé, escuyer, seigneur de Nazelle, son neveu » et filleul, habitant de la présente ville, présent et acceptant, sçavoir est de la » métairie de Juilhards, que ledit donateur a dans la jurisdiction de Dunes en » Condomois, et de tous les biens et possessions quy en dépendent, et générale- » ment de tous les dits biens quy lui furent délaissés par deffunt noble Jean- » François du Cauzé, son père. Le donateur donne aussi les droits qu'il peut » prétendre sur les biens de M. Me Laurent de Mellet, seigneur de Saint-Orens, » conseiller du roy et président au siège de Condom, son frère utérin, en consé- » quence de la succession de deffunte Madame de Mellet, leur mère commune...... » Approuvant cette donation noble Hérard du Cauzé, escuyer, père dudit sieur de » Nazelle...... Fait et passé en mon étude, en présence de messire Charles de » Bazon, seigneur baron de Baulens...... Gélieu, notaire royal. »

(Expédition en parchemin faisant partie de mes archives. J. de Bourrousse de Laffore.)

Le même seigneur de Lille et de Castelvieil n'ayant pas d'enfant de son mariage, fait, le 1er mai 1690, une donation de trois mille livres payables sur ses droits sur Castelvieil, en faveur de noble Jules-César de Lescale de Vérone, son neveu à la mode de Bretagne. *(Acte reçu et expédié par J. Moulin, notaire royal, faisant partie de mes archives.)* Il fait son testament le 21 novembre 1692, par lequel il lègue à la dame de Labrunetière, sa chère épouse, tous ses droits et prétentions sur la maison, domaines et dépendances de Castelvieil; rappelle la donation de trois mille livres qu'il a faite en faveur de noble Jules-César de Lescale de Vérone, écuyer; et institue pour ses héritiers universels noble Joseph du Cauzé, écuyer, sieur de Balignac, et noble Antoine du Cauzé, sieur de Las Barthes, ses neveux. Ce testament fut ouvert en 1693, à la requête de la dame de Labrunetière, veuve dudit testateur.

Noble Jeanne Antoinette de Labrunetière, dame de Castelvieil, fait son testament le 21 septembre 1687, dont l'acte de suscription est retenu par Me Jean Grand, notaire royal de la ville d'Agen. Elle se dit épouse de noble Jean-Charles du Cauzé, écuyer, seigneur de Lille et de Castelvieil, fait un legs de deux mille livres en faveur de Jeanne-Antoinette de Labrunetière, sa nièce et filleule, legs devenu caduc par le décès de cette dernière. La dame testatrice veut, dans un codicille du 8 octobre 1690, que ces deux mille livres soient données à Jeanne-Antoinette de Lescale de Vérone, aussi sa nièce et filleule. Elle déclare que, par le testament du 21 septembre 1687, elle a institué pour son héritier général et universel noble Jules-César de Lescale de Vérone, écuyer, seigneur de Vivès, son neveu, à la charge par lui d'accepter la substitution contenue dans le testament de noble Joseph de Lescale de Vérone, écuyer, seigneur de Vivès, cousin germain de la testatrice et père dudit Jules-César.

(Tous ces actes sont suscrits par Grand, notaire. L'original du codicille est dans mes archives. J. DE BOURROUSSE DE LAFFORE);

3° Messire JOSEPH I DU CAUZÉ, omis également par d'Hozier, fait une donation en faveur de noble Hérard du Cauzé, IIe du nom, écuyer, seigneur de Nazelle, capitaine de cavalerie, etc., son petit-neveu, donation rappelée dans le contrat de mariage de ce dernier, en date du 28 septembre 1715.

VI. Noble HÉRARD DU CAUZÉ, Ier du nom, écuyer, seigneur de Nazelle; fils aîné de noble Jean-François du Cauzé, écuyer, seigneur de Nazelle, et de damoiselle Anne de Redon, passe, à Condom, le 1er juillet 1642 (dans la maison de Jean de Mellet, écuyer, seigneur de Fondelin et de Saint-Orens, conseiller du roi, président au présidial et sénéchal de Condom, second mari de ladite de Redon), le contrat de mariage suivant, retenu par Me Sanguyz, notaire royal :

« ...... Personnellement constitués noble Hérard du Cauzé, assisté de damoiselle Anne de Redon, sa mère, espouse dudit sieur de Mellet président, M. Me Laurent de Redon, conseiller et procureur du roy au siège d'Agen, son oncle et curateur, et procédant de l'autorité d'icelluy, noble Jean de Redon, sieur de Laval, Me Thomas de Coquet, receveur du Domaine d'Agenois, noble Jean de Touron, et noble Jean de Redon, ses proches parents, d'une part;

» Et damoiselle MARIE DE MELLET, fille légitime et naturelle dudit sieur de Mellet, président, et de feue damoiselle Marie de Lartigue, assistée et faisant de l'avis et consentement du sieur de Mellet, son père, damoiselle Anne d'Ancezis, son ayeulle, et de MMes Bernard et François de Mellet, chanoines de l'église cathédrale de Saint-Pierre de la présente ville, M. Me Antoine de Goyon, conseiller audit siège, et Robert de Mellet, conseiller du roy et président de l'Élection de

Condomois, les tous ses proches parents, d'autre...... » *(Expédition authentique aux archives de Madame la comtesse Marie de Raymond, Agen)*

Les armes de Mellet sont : *d'azur, à trois ruches d'abeilles d'argent, posées 2 et 1*.

J'ai, à propos de ce mariage, *deux erreurs*, et même *trois erreurs* à signaler dans les lignes consacrées à ces époux dans la nouvelle édition de l'*Armorial général de* d'Hozier, Registre VIIe, généalogie du Cauzé de Nazelle, p. 2.

On voit, par les termes du contrat, dont je viens de citer textuellement le principal passage, que le futur époux se nommait et se qualifiait « noble *Hérard* du Cauzé » et non *Henri ;* d'Hozier s'est donc trompé en le nommant *Henri*. Il s'est encore trompé en nommant la future épouse *Marie Mellet de Saint-Thourain*, et en citant à l'appui le *Nobiliaire de Guienne et de Gascogne*, t. II, p. 197, puisque ce dernier ouvrage, à la page citée, et le contrat de mariage textuellement rapporté plus haut, nomment l'un et l'autre cette future épouse *Marie de Mellet*. Enfin le père de cette dernière, Jean de Mellet, écuyer, était seigneur de Fondelin et de *Saint-Orens* et non de *Saint-Thourain*, comme on peut le voir en bien des endroits, et, en particulier, dans ledit *Armorial général,* à la généalogie de Melet ou de Mellet.

Le roi Louis XIV maintient et conserve dans sa noblesse Hérard du Cauzé, sieur de Nazelle, et ses enfants nés et à naître, nonobstant la perte de ses titres, par lettres patentes données à Saint-Germain en Laye, au mois d'avril 1680, signées LOUIS, et, sur le repli : par le Roy : Le Tellier, et scellées du grand sceau de cire verte avec lacs de soie, « et en conséquence le dé-
» clare avecq ses enfants et descendans males et femelles nés et à naistre
» en loyal mariage, nobles et issus de noble race et lignée, voulant sa Ma-
» jesté qu'ils soient réputez tels......... luy permettant en outre (audit du
» Cauzé) et à sa dicte postérité de continuer à prendre et porter ses mesmes
» armes timbrées et blasonnées que lesdits du Cauzé ont accoustumé de
» porter et telles qui sont empreintes, et en tant que besoing seroit, sa Ma-
» jesté anoblit ledit sieur de Cauzé, ses enfants....... » Ces lettres patentes
furent enregistrées par arrêt du Parlement de Bordeaux, rendu le 3 fé-
vrier 1681, du consentement du procureur général. *(Expédition en forme aux archives de Raymond.)*

Hérard du Cauzé fit son testament le 15 novembre 1691 et le 24 juillet

1704 ; il mourut le 16 mai 1705, laissant, de son union avec Marie de Mellet, trois fils et deux filles :

1° JEAN-CHARLES, qui a continué la postérité des seigneurs de Nazelle ;

2° JOSEPH II, auteur de la branche des SEIGNEURS DE BALIGNAC, rapportée plus loin ; ce Joseph II, Antoine II son frère, et Anne-Antoinette leur sœur, ne sont pas mentionnés dans l'*Armorial général* ;

3° Noble ANTOINE DU CAUZÉ, IIᵉ du nom, sieur de Lasbarthes, et noble Joseph du Cauzé, écuyer, seigneur de Balignac, frères, sont institués héritiers universels de noble Jean-Charles Iᵉʳ du Cauzé, écuyer, sieur de Lille et seigneur de Castelvieil, leur oncle paternel, par le testament de ce dernier, en date du 21 novembre 1692. Le même Antoine, sieur de Lasbarthes, fut parrain, le 29 septembre 1706, d'Antoine, IIIᵉ fils de Joseph, seigneur de Balignac, son frère. *(État civil de Dunes.)* Il vivait encore le 4 août 1709, comme le prouve la sentence arbitrale rendue à cette date entre ledit seigneur de Balignac et messire Hérard II du Cauzé, seigneur de Nazelle, leur neveu ;

4° Damoiselle MARIE I DU CAUZÉ est dite fille légitime de noble Hérard du Cauzé, écuyer, seigneur de Nazelle, et de damoiselle Marie de Mellet, dans ses articles de mariage sous seings privés, arrêtés au mois d'août 1672, avec messire JEAN DE LARTIGUE, conseiller du roi, lieutenant particulier au siége de Condom, fils aîné de noble Pierre de Lartigue, écuyer, conseiller du roi au présidial dudit siége, et de damoiselle Marie de Perricot. Ces articles de mariage furent reconnus par les parties le 19 avril 1673, devant Corne, notaire royal à Condom. Le futur époux était le petit-fils de noble Bernard de Lartigue, écuyer, seigneur de Cazaux, près Mézin, et de noble Magdeleine du Gout. Pierre de Lartigue, écuyer, seigneur de Montbernard et de Solanserre, l'un des frères de Jean, futur époux, a, de nos jours, pour descendants directs, Bernard Julien, baron de Lartigue de Goueytes, né en 1810, au château de Goueytes, commune de Montesquieu-Volvestre, et son frère Marie-Hippolyte de Lartigue, général de brigade, commandeur de la légion d'honneur, inspecteur général du tir, à Paris.

Les armes de Lartigue sont : *de gueules, au lion d'or, lampassé et armé de sable;*

5° ANNE-ANTOINETTE DU CAUZÉ DE NAZELLE, décédée le 5 avril 1699.

VII. Noble JEAN CHARLES DU CAUZÉ, II du nom, écuyer, seigneur de Nazelle, successivement mousquetaire du roi, lieutenant au régiment de Montagut, officier aux gardes du corps du roi, puis lieutenant de nos seigneurs les maréchaux de France au département de Guienne, fils aîné de noble Hérard du Cauzé, écuyer, seigneur de Nazelle, et de dame Marie de Mellet, eut pour parrain, l'an 1647, noble Jean-Charles du Cauzé, Iᵉʳ du nom, écuyer, seigneur de Lille, son oncle paternel. En sa qualité de fils aîné, Jean Charles II fut le seul des trois frères qui porta le titre de seigneur de Nazelle, transmis par lui à ses descendants. Son frère, Joseph II du Cauzé de Nazelle, fut seigneur de Balignac.

Conspiration du chevalier de Rohan.

Le jeune du Cauzé de Nazelle dut au hasard, et surtout à une puissance d'observation peu commune, de rendre à sa patrie un service signalé. Il voulut épargner à la France, que la trahison allait livrer à l'ennemi, les déchirements douloureux de la guerre civile, les périls et les malheurs de la guerre étrangère s'appuyant sur les soulèvements intérieurs ; il agit donc sous l'empire d'un mobile honorable, et si Eugène Sue, dans son roman de *Latréaumont*, a donné à M. du Cauzé de Nazelle un caractère et un rôle odieux, qui ne sont justifiés ni autorisés par aucun témoignage, c'est qu'il a travesti l'histoire et abusé du droit d'invention du romancier, droit réel, positif pour tout ce qui est de pure imagination, beaucoup plus contestable pour les faits et les noms historiques, droit surtout plus limité et moins respectable que celui de la vérité et que l'honneur des familles. Cet auteur a cherché à jeter, autant qu'il était en lui, la déconsidération sur les du Cauzé de Nazelle, toujours honorables, qui ont, depuis bien des siècles, constamment défendu la France contre ses ennemis, lui ont rendu des services, la servent encore dans ses armées, et ont fait tuer, pour elle, un grand nombre d'entre eux sur les champs de bataille. — Nous verrons comment plus tard, et trop tard, Eugène Sue a exprimé ses regrets à cet égard, et si, pour réparer autant que possible le mal qu'il avait fait, il a, conformément à sa promesse écrite, publié les déclarations écrites et signées de sa main le 1ᵉʳ mars 1838, dix-neuf ans avant sa mort. *(Voir à l'article du marquis actuel du Cauzé de Nazelle, qui forme le XIᵉ degré de cette généalogie, p. 37.)*

Voici la vérité sur cette conspiration du chevalier de Rohan, et sur Jean-Charles du Cauzé de Nazelle.

Louis XIV et ses ministres étaient depuis longtemps informés, par le roi d'Angleterre, que de grands criminels, perdus de dettes, avaient, pour réparer les désordres de leurs fortunes, ourdi un complot contre la sûreté de l'État ; qu'ils s'étaient engagés, moyennant des sommes importantes, à livrer, aux ennemis de la France, une place forte dans la province de Normandie, où la puissante flotte hollandaise pourrait débarquer des troupes espagnoles ; qu'ils avaient pour but de s'emparer du roi Louis XIV et de sa famille, de soulever toutes les provinces, et, à la suite des luttes san-

glantes, inséparables de ces bouleversements, de se faire les chefs d'un gouvernement nouveau. — Colbert et le marquis de Louvois avaient chargé
le duc de Roquelaure de garder spécialement les côtes de la Normandie,
sous les ordres du marquis de Beuvron, lieutenant-général de la province.
Ils suivaient, avec une sollicitude attentive, mais secrète, la marche de
cette conspiration, dont ils voulaient saisir les principaux coupables.

De son côté, du Cauzé de Nazelle remarqua les relations fréquentes et
intimes établies entre des personnages que la différence de naissance, de
position sociale, d'habitudes, d'intérêts, semblait, au contraire, devoir tenir
éloignés. Il vit, dans ces visites singulières et réitérées, dans ces longs en-
tretiens mystérieux et inexpliqués, dans des voyages en Hollande, etc., etc.,
les signes d'un complot ourdi contre la sûreté de l'État, par des mécon-
tents alliés avec les ennemis de la France. Le jeune gentilhomme n'é-
tait pas de la conspiration et n'avait reçu aucune confidence ; aussi n'hé-
sita-t-il point entre les intérêts les plus chers et les plus graves de sa
patrie et quelques hommes pervers ; il informa le roi de ses observations
personnelles.

Les deux principaux auteurs de cette conspiration ou de ce complot
étaient un gentilhomme de Normandie (sorti de l'armée par esprit d'indis-
cipline), nommé Georges du Hamel, sieur de Latréaumont, né vers 1623,
d'un maître ordinaire à la Chambre des comptes de cette province, et le
chevalier Louis de Rohan Guéménée, second fils de Louis VII de Rohan,
duc de Monbazon, pair et Grand Veneur de France, et d'Anne de Rohan,
princesse de Guéménée. Le chevalier de Rohan, qui a donné son nom à
cette conspiration, était né en 1634; il avait un frère aîné, Charles, duc de
Monbazon, auquel il fut préféré pour recueillir les charges qui étaient dans
sa famille. Élevé comme enfant d'honneur de Louis XIV, il fut, le 9 février
1656, à l'âge de vingt-deux ans, créé Grand Veneur de France sur la résigna-
tion de son père. — « Le chevalier de Rohan était doué de la plus grande
» mine (dit le marquis de La Fare, l'un de ses contemporains), et l'homme
» le mieux fait de son temps, ami particulier du roi et Grand Veneur de
» France à vingt-deux ans, tout lui souriait. L'excès de sa prospérité fut
» l'écueil où il se brisa. Fier, hautain, sans empire sur lui-même, d'un es-
» prit tranchant et blessant, incapable d'arrêter sur ses lèvres le sarcasme
» et le dédain, dût-il en être la première victime, il se fit, comme à plaisir,
» l'instrument de sa ruine. »

Daniel de Cosnac, archevêque d'Aix, très-mêlé, vers cette époque, au mouvement de la cour, a tracé du chevalier de Rohan qu'il avait connu, le même portrait que le marquis de La Fare. « Le chevalier de Rohan, » ajoute-t-il, était un homme d'un esprit dérangé, plein d'imaginations » vagues, brave et magnifique. Il y aurait eu du bon en lui, mais, par » malheur, il n'avait jamais pu s'astreindre à quelque chose ressemblant » aux usages, à la règle et à ce que les autres pensaient. »

Le chevalier de Rohan avait obtenu également la charge de colonel des gardes de Louis XIV ; il fit la campagne de Flandre en 1667, se démit de la charge de Grand Veneur en 1670, fit la campagne de Hollande en 1672, enleva, le premier, la beauté la plus célèbre de l'Europe, Hortense Mancini, duchesse de Mazarin, dépensait son immense fortune en prodigalités, plaidait contre sa mère, la princesse de Rohan Guéménée.

Latréaumont et le chevalier de Rohan voulaient profiter, pour faire soulever la Normandie, du mécontentement général produit dans cette province par un impôt sur les bois, connu sous le nom de *Tiers et Danger*. Ils avaient donné leur entière confiance à un vieillard singulier nommé François Affinius Van den Enden, enseignant la philosophie, la poésie, la médecine, la chirurgie, le droit canon, le droit civil, l'hébreu, le latin, le grec, et plusieurs autres langues, et qui, malgré sa science, avait été forcé de quitter la Hollande, où il mourait de faim, et de s'établir à Paris en 1671.

« Deux ans se passèrent à attendre une occasion favorable, dit M. Pierre Clément. » Au mois d'avril 1674, le chevalier de Rohan et La Tréaumont la trouvant lente » à venir, se décidèrent à la provoquer. Dans cette intention, La Tréaumont écrivit » au comte de Monterey, gouverneur espagnol à Bruxelles, une lettre par laquelle » il lui demandait de faire embarquer sur la flotte hollandaise six mille Espagnols, » des armes pour vingt mille hommes, des outils pour faire le siège d'une forte- » resse, deux millions d'argent, et de diriger cette flotte sur les côtes de Normandie, » où elle serait rejointe par six gentilshommes, dont quatre resteraient en ôtage à » bord, tandis que les deux autres mettraient les Espagnols en possession de » Quillebœuf, jusqu'à ce qu'on pût leur donner en échange le Havre ou Abbeville. » La Tréaumont ajoutait que la Normandie était prête à se soulever dans le but » de s'organiser en république. Sa lettre n'étant pas signée ; il priait le comte de » Monterey, au cas où la proposition lui serait agréable, de faire mettre sans délai » dans la *Gazette de Bruxelles*, à l'article *Paris*, que *le roi allait faire deux maréchaux* » *de France*, et à l'article *Bruxelles*, que *l'on y attendait un courrier venant d'Espagne*.

» La satisfaction du chevalier de Rohan et de La Tréaumont dut être grande » quand ils virent, peu de temps après, ces deux nouvelles reproduites dans la » *Gazette de Bruxelles*. Il ne restait plus qu'à envoyer quelqu'un de confiance au » comte de Monterey pour s'entendre avec lui sur les détails du projet dont ils

» l'avaient entretenu. Van den Enden fut encore choisi pour cette délicate mission.

» Le conspirateur de soixante-quatorze ans partit pour Bruxelles au commence-
» ment de septembre. Il vit d'abord le comte de Monterey qui lui dit en l'abordant :
« Vous tardez bien à venir ; je vous croyais morts. » Le lendemain, Van den Enden
» lui expliqua, dans une longue conversation, le plan, les ressources et les moyens
» d'action du chevalier de Rohan et de La Tréaumont. »

(*Trois drames historiques : Enguerrand de Marigny, Semblançay, le chevalier de
Rohan*, par M. Pierre Clément, p. 238 et 239 ; Paris, 1857.)

En 1672, le duc de Saint-Aignan, gouverneur du Havre, avait signalé
les germes d'un complot naissant *(Réponse de Louis XIV, datée du 14
septembre 1672)*. Deux ans plus tard, au mois d'avril 1674, le roi avait
informé Claude Pellot, seigneur de Pont-David et Sandars, premier président
du Parlement de Normandie, des démarches tentées par des gens de cette
province auprès du comte de Monterey, gouverneur des possessions espagnoles en Hollande et en Belgique.

Voyons maintenant, à l'aide des pièces officielles du procès relatif à cette
conspiration, par quelle réunion de circonstances Jean-Charles du Cauzé
de Nazelle fut amené à connaître les principaux auteurs d'un complot,
dont le gouvernement savait depuis longtemps l'existence et beaucoup de
détails, sans connaître cependant les coupables.

« Information faite par audition par devant nous Claude Bazin, chevalier,
seigneur de Bezons, et Auguste-Robert de Pomereu, aussi chevalier, seigneur de
la Brétesche, conseillers d'État ordinaires, commissaires nommés par le roy pour
l'exécution de ses lettres patentes du 24 septembre 1674, et assisté du greffier en
ladite commission.

» Du 14e jour d'octobre 1674.

» Jean du Cauzé, écuyer, sieur de Nazelle, natif dudit Nazelle, proche d'Agen,
demeurant à Paris, rue Saint-Bon, paroisse Saint-Médéric, chez le sieur Le Febvre,
procureur au Grand-Conseil, ledit Nazelle agé de vingt-six ans ou environ,
témoin assigné à la requête du procureur général du roy en la commission, par
exploit du jour d'hier, signé Delarue, à nous exhibé, pour déposer sur les faits
dont il sera enquis, faisant profession de la religion catholique, apostolique et
romaine, après serment de dire vérité.

» Les généraux interrogatoires de l'ordonnance à luy donnez à entendre s'il est
parent ou allié, serviteur ou domestique d'aucune des parties, si par inimitié ou
autrement il dépose ;

» A répondu et dénié ;

» Et dit que le 11 avril dernier il s'alla mestre en pension chez le nommé Van
den Enden, enseignant les langues à Picquepuce, pour y apprendre la langue
latine, n'ayant que les premiers principes, le déposant ayant demeuré pensionnaire
chez ledit Van den Enden jusques au temps qu'il fust arresté prisonnier, que
pendant tout ce temps il a reconnu ledit Van den Enden pour un homme qui

n'avait point de religion, et qui parloit avec trop de liberté du roy, et mesme quelquefois contre le respect deu à sa personne sacrée ; ce qui obligeoit le déposant de le reprendre ; ayant remarqué luy déposant que ledit Van den Enden avoit grande liaison avec Monsieur le chevalier de Rohan et La Tréaumont, et que ledit sieur chevalier de Rohan alloit quelquefois se promener avec ledit Van den Enden dans son jardin, et passoit par la porte de derrière ; et que ledit La Tréaumont y alloit fort souvent, s'enfermant ledit La Tréaumont avec ledit Van den Enden et passant la journée entière ensemble, lequel commerce a duré de cette manière environ trois mois de la connoissance de luy déposant ; en sorte que lorsque lesdits La Tréaumont et Van den Enden estoient dans une chambre ils ne souffroient pas qu'aucun valet ny servante y restat, à la réserve de la femme dudit Van den Enden ;

» Qu'au mois de juin dernier, le nommé Kerkerin, gendre dudit Van den Enden, arriva d'Anvers et fut voir le lendemain de son arrivée Monsieur de Rohan, avec son beau-père ; ledit Kerkerin ayant rendu plusieurs visites audit sieur de Rohan, pendant environ plus d'un mois que ledit Kerkerin demeura à Picquepuce ; ce que luy déposant sçait, pour l'avoir ouy dire plusieurs fois en conversation, et mesme ledit Van den Enden et Kerkerin demeurèrent deux ou trois jours de suite sans rentrer dans le logis, ne sachant le déposant pour quel sujet ; que huit jours avant que ledit Kerkerin partit pour s'en retourner à Anvers, il vint loger à Paris et y demeura jusques à la veille de son départ, qu'il retourna à Picquepuce, où il passa la nuit avec son beau-père en conversation. »

(*Bibliothèque Impériale, section des Manuscrits, collection du Cinq-Cents Colbert*, t. CCXXVI, fol. 419.)

Avant de rapporter la fin de cette déposition, écoutons de quelle manière M. Pierre Clément raconte (aux pages 252 et 253 du livre cité), l'arrestation des principaux coupables : « Le 11 septembre 1674, c'est-à-dire le lendemain du jour où Van den Enden avait quitté Bruxelles, le sieur de Brissac, major des gardes du corps du roi, arrêta le chevalier de Rohan, entre midi et une heure, dans la chapelle même du Château de Versailles. Immédiatement après avoir pris les ordres du roi, Brissac partit en poste pour Rouen, avec quatre gardes du corps, pour arrêter Latréaumont et ses domestiques. Il arriva à Rouen le 12 septembre, à six heures du matin, courut chez le premier président pour savoir la demeure de Latréaumont et s'y rendit en toute hâte. L'ayant trouvé au lit, il lui dit qu'il avait ordre de l'arrêter. A ces mots, Latréaumont se leva, entra dans un cabinet, et reparut presque aussitôt avec deux pistolets armés : « Me » voici, dit-il alors à Brissac, mais vous ne m'aurez-pas. — Vous êtes » donc bien coupable ? répondit Brissac. — Oui, mort dieu, je suis coupa- » ble. » En ce moment une mêlée affreuse eut lieu dans l'étroite pièce où se passait cette scène. Trois gardes du corps venaient d'y rentrer. Brissac

ayant mis l'épée à la main, Latréaumont tira sur lui ses deux pistolets
et tua un des gardes. Dans l'excitation de la lutte, un autre garde déchar-
gea sa carabine sur Latréaumont et le blessa mortellement. Celui-ci vécut
cependant encore dix-huit heures..... A son arrivée de Bruxelles, Van den
Enden avait appris par sa femme l'arrestation du chevalier de Rohan. Sa
première pensée fut de retourner en Belgique. Pour plus de sûreté, il se
revêtit d'un grossier sarrau de toile. Il attendait le coche avec sa femme,
à la Chapelle Saint-Denis, lorsque le major de Brissac arriva et le fit prisonnier. »

Deux conseillers d'État, MM. de Bezons et de Pomereu, nommés en tête
de la déposition de Jean-Charles du Cauzé de Nazelle rapportée plus haut,
avaient été chargés de l'instruction du procès, par une déclaration royale
du 24 septembre, et le lendemain une autre déclaration nomma, pour rem-
plir les fonctions de procureur général de cette affaire, Nicolas de La Rey-
nie, qui était lieutenant général de police, conseiller d'État et maître des
requêtes de l'hôtel.

Continuons maintenant de citer la déposition de M. de Nazelle.

« ...... Dépose aussy qu'environ le 10ᵉ août, Van den Enden estant indisposé,
Monsieur de Rohan l'envoya chercher, et qu'il alla le trouver et passa l'après-dinée
à Saint-Mandé, d'où estant de retour, il dit à luy déposant qu'il prendroit quelques
vacances, et qu'il croyoit que ledit déposant ny personne de sa maison n'en seroit
fâché, estant obligé indispensablement pour ses affaires particulières (se trouvant
à ce qu'il disait sans argent) de faire un voyage à Bruxelles, où il y avoit des gens
qui lui en devoient et qui estoient, à ce qu'on luy mandoit, en estat de luy payer ;
et que ledit déposant l'ayant voulu détourner de ce voïage, luy représentant son
indisposition et le danger qu'il y avoit de passer à travers de deux armées, il
répondit que sa goutte ny rien ne pouvoit l'empêcher de partir ; que depuis ce
jour-là jusques à celuy de son départ il n'en passa presque pas un sans voir
Monsieur de Rohan ou ledit La Tréaumont ;

» Lequel La Tréaumont vint le dimanche d'auparavant le départ dudit Van den
Enden le voir, et fit entrer son carrosse et mettre ses chevaux à l'écurie dudit
Van den Enden, et passa depuis le matin jusques au soir enfermé dans sa
chambre, ou à se promener seuls dans le jardin, et dinèrent ensemble ; que le
lendemain lundy la femme dudit Van den Enden pria le déposant de luy dire à
quoy son mary avoit passé deux soirées, faisant voir à luy déposant un chiffre
qu'elle avoit dans le tiroir où elle l'avoit trouvé ;

» Et que le mardy matin ledit sieur de Rohan vint prendre dans son carrosse
ledit Van den Enden qui ne revint qu'à l'heure du souper ; lequel fit voir à table
une grande liste de personnes considérables qui avoient esté tuées au combat de
Senef (¹), avec le nombre de soldats de chaque régiment en particulier, et dit à

(¹) Le 11 août 1674, le grand Condé y vainquit Guillaume, prince d'Orange.

table, en raillant, que c'étoit de la manière que le roy gagnoit les batailles ; que le jour suivant, ledit sieur de Rohan vint encore prendre ledit Van den Enden, et, parlant au déposant, lorsqu'il fut de retour, en conversation, il luy dit que le sieur de Rohan estoit extrêmement attaché au jeu, et qu'il avoit eu beaucoup de peine de l'empêcher de s'y engager ceste après-dinée, quoy qu'il eust avec luy des affaires de la dernière importance. Et que le jeudy après disner, ledit Van den Enden dit en présence du déposant qu'il estoit obligé de partir le lendemain vendredy, et qu'à l'instant estant venu à Paris, à son retour sur le soir, il dit qu'il avoit esté sollicité pour une affaire, qu'un neveu de La Tréaumont avoit au Grand-Conseil, et que ledit La Tréaumont estoit obligé de partir le lendemain pour Rouen ;

» Que ce mesme soir luy déposant vit venir chez ledit Van den Enden un grand jeune homme qu'on appeloit chevalier, et entendit que ledit chevalier, parlant audit Van den Enden, disoit qu'il ne devoit pas douter que cela ne fut mis dans le coffre du patron ; ne sachant pas précisément ce que c'estoit, ayant luy déposant appris du depuis que le jeune homme qu'on appeloit le chevalier estoit le chevalier de Préaux, neveu de La Tréaumont ; dit aussi le déposant que quinze jours ou environ après le départ dudit Van den Enden, sa prétendue femme pria le déposant de tascher d'avoir, par le moyen de ses amis, un extrait mortuaire de son premier mari, se plaignant que ledit Van den Enden l'avoit abandonnée, et sur ce que ledit déposant luy disoit de prendre patience et d'attendre de ses nouvelles, elle luy répondit qu'elle ne croyoit pas qu'il fust parti pour ses affaires particulières ; et que deux ans auparavant il estoit allé en Flandre pour un grand seigneur, et qu'elle croyoit qu'il y estoit retourné pour le mesme sujet ; que ledit Van den Enden, son mari, n'avoit pas le sol, et que néanmoins il luy avoit fait voir une lettre de change pour prendre à Bruxelles, et que mesme il luy avoit promis qu'il ne reviendroit pas sans luy aporter quelque présent considérable ;

» Que ledit Van den Enden estant revenu de son voyage le lundy douzième septembre, il se seroit mis à table pour disner, à ce que le déposant a ouy dire à la fille dudit Van den Enden, et s'en seroit en allé tout troublé sur ce que sa dite fille luy dit que M. le chevalier de Rohan estoit arresté et ledit La Tréaumont.

» Et plus n'a dit, mais ce que dessus contenir vérité.

» Lecture faite au déposant de sa déposition, y a persisté et a signé avec lesdits sieurs Commissaires.

» Signés :

» NAZELLE DU CAUZÉ. BAZIN. DE POMEREU.

» TOURNIER, greffier. »

(Bibliothèque Impériale, collection du Cinq-Cents Colbert, t. CCXXVI, fol. 419 et suivants.)

Le lendemain 15 octobre 1674, le même Jean du Cauzé, qualifié écuyer et sieur de Nazelle, est de nouveau assigné pour le récollement de sa déposition, qu'il soutiendra partout où besoin sera, et signe : NAZELLE DU CAUZÉ. *(Idem, folio 469)*.

L'audace de Latréaumont, la haute position de Rohan, la nécessité pour l'un et pour l'autre de refaire leurs fortunes ; leur résolution de ré-volutionner la France à leur profit, pour se constituer les chefs d'un gou-vernement nouveau, faisaient de ces deux hommes pervers des conspira-teurs redoutables. Un grand jeune homme et une belle veuve, unis par un vif attachement, et sur le point de se marier, furent les instruments doci-les et les victimes de l'ambition des chefs du complot : Guillaume du Chesne de Saint-Marc, chevalier de Préaux, neveu du sieur de Latréau-mont, et fils d'un gentilhomme de Normandie, avait subi l'ascendant de son oncle, et par suite était entré dans la conspiration. Louise-Anne de Sarrau, dame ou marquise de Villars, ne voulut point abandonner dans cette situation périlleuse celui qui allait être son époux, et se mit au nombre des conspirateurs, par amour pour le chevalier de Préaux.

Rohan et Latréaumont conspiraient par un mauvais sentiment, une égoiste et coupable ambition ; le chevalier de Préaux conspirait par dé-vouement pour son oncle ; la marquise de Villars conspirait par dévoue-ment pour le chevalier de Préaux. Et quant à François Affinius Van den Enden, vieux savant et rêveur mécontent de sa modeste position, il cons-pirait peut-être pour conspirer, ou comme on l'a dit, pour une égalité, qu'il ne trouva même pas dans le supplice.

Jean-Charles du Cauzé de Nazelle fut successivement confronté à la Bastille avec les principaux accusés, à l'exception de la marquise de Villars, née de Sarrau, qu'il ne connaissait pas. François Affinius Van den Enden déclare n'avoir aucun reproche à faire contre le sieur de Nazelle, qu'il a toujours reconnu pour un homme de bien. Il ajoute « qu'il avoit » bien de la joie d'entendre dire du bien du roy audit sieur de Nazelle, » et parler avec le respect dû à sa personne. » Il avoue que son gendre Kerkerin est venu à Paris vers le mois de mai, pour prendre des mesures pour son établissement, mais qu'il ne vit point M. de Rohan ; que le chiffre vu chez lui par le sieur de Nazelle, est un chiffre fait pour le roi par lui Van den Enden, et dont il ne s'est jamais servi pour les affaires pour les-quelles il est accusé, et dénie ce que la déposition du sieur de Nazelle peut contenir de contraire à ses propres interrogatoires. (*Idem*, fol. 494.)

Catherine Medaems, femme de Van den Enden, confrontée avec Jean du Cauzé, écuyer, sieur de Nazelle, ne nie pas les assertions contenues dans la déposition de ce dernier; le voyage à Paris de Kerkerin, gendre de son mari; le voyage de Van den Enden en Flandre, à la fin d'août 1674; le chiffre trouvé dans le tiroir d'une table; mais elle déclare ignorér les motifs de ces voyages et l'usage du chiffre. (*Idem*, fol. 502.)

Guillaume du Chesne de Saint-Marc, chevalier de Préaux, confronté le 16 octobre 1674, dans le château de la Bastille, avec Jean du Cauzé, écuyer, sieur de Nazelle, témoin assigné, « dit que la plupart du contenu » en la déposition dudit sieur de Nazelle, ne le regarde pas, et qu'il de- » meure d'accord de ce qui le concerne, et que ce qui est dit qui luy fut » donné par Van den Enden sont les livres et papiers qui lui ont esté » par nous cy-devant représentés, et trouvés dans le cabinet du sieur de » Saint-Marc, » et signe G. DU CHESNE. (*Idem*, fol. 498.)

Je rapporterai textuellement, à cause de l'importance du personnage, la confrontation avec le chevalier de Rohan :

> « Confrontation de Jean du Cauzé, escuyer, sieur de Nazelle, à messire Louis de Rohan.
> » Du 19e octobre 1674, dans le chasteau de la Bastille.
> » .... Nous sommes transportés dans le chasteau de la Bastille, en une des tours d'iceluy, pour y procéder à la confrontation de Jean du Cauzé, escuier, sieur de Nazelle, témoin....... à messire Louis de Rohan, prisonnier dans ledit chasteau.....
> » Les avons interpellés de nous dire s'ils se connoissent.
> » Ledit sieur de Rohan a dit ne point connoistre ledit sieur de Nazelle, et ledit sieur de Nazelle a dit connoistre ledit sieur de Rohan.....
> » Ce fait, avons fait faire lecture........ de la déposition dudit sieur Nazelle...... et de son récollement..... ledit Nazelle a dit...... que sa déposition contient vérité, et que c'est dudit sieur de Rohan, icy présent, dont il a entendu parler.
> » Et ledit sieur de Rohan a dit qu'il demeure d'accord d'avoir pris dans son carrosse ledit Van den Enden une fois pour le mener à Paris ; avoue avoir entré dans le jardin dudit Van den Enden, mais dénie d'y estre entré par la porte de derrière, mais par la grande porte......... Lecture faite de ladite confrontation, y ont persisté et signé, ainsi signé : LOUIS DE ROHAN; NAZELLE DU CAUZÉ. » (*Idem*, fol. 597).

Lorsque le 12 septembre 1674, on arrêta Georges du Hamel, sieur de Latréaumont, à Rouen, dans sa chambre à coucher, on trouva la proclamation qu'il avait préparée pour le soulèvement de la Normandie. D'un autre côté, Van den Enden précisait chaque jour davantage, dans ses interrogatoires, les faits qui incriminaient le chevalier de Rohan. Il racontait la mission dont ce dernier l'avait chargé pour le comte de Monterey, enfin trois lettres de la marquise de Villars, née de Sarrau, prisonnière à la Bastille, jetaient un nouveau jour sur le complot et comprommettaient à tel point le chevalier de Préaux, qu'elles provoquèrent des aveux terribles pour les accusés.

« Il (Guillaume du Chesne de Saint-Marc, chevalier de Préaux, neveu de Latréaumont) raconta que le chevalier de Rohan et Latréaumont s'étaient souvent entretenus de la possibilité d'enlever la reine et le dauphin, pendant que le roi était à la tête de ses armées ; qu'ils avaient composé ensemble les placards affichés en Normandie pour y exciter le peuple contre le gouvernement, et où ils disaient aux nobles que s'ils restaient tranquilles, le roi les traiterait « comme en Turquie. » Suivant le chevalier de Préaux, le plan des conspirateurs était, quand ils auraient renversé le gouvernement, de convoquer une chambre dite de *la Liberté*, où tous les différends des gentilshommes seraient réglés sous la présidence du chevalier de Rohan, qu'ils comptaient bien faire investir par le peuple d'une autorité à peu près illimitée. » (*M. Pierre Clément*, cité, p. 263 et 264.)

Les aveux détaillés, faits par les accusés eux-mêmes, ne laissèrent pas le moindre doute sur les auteurs et le but de la conspiration. Le chevalier de Rohan, le chevalier de Préaux, la marquise de Villars et Van den Enden, furent déclarés coupables de lèse-majesté, le 26 novembre 1674, et condamnés à mort. Les trois premiers, appartenant à la noblesse, devaient avoir la tête tranchée, et Van den Enden être pendu. Le lendemain 27, ils furent exécutés tous les quatre, sur la place de la Bastille, conformément à l'arrêt.

Beaucoup d'auteurs ont donné, sur cette marquise de Villars, née de Sarrau, des renseignements erronés. Il serait trop long de rappeler ici et de rectifier isolément chacune des erreurs historiques, publiées à cet égard. Je me bornerai (dans la Note imprimée à la suite de cette généalogie) à faire connaître sommairement la vérité sur les noms, la filiation, les ascendants, les mariages et les descendants de ce conspirateur en robe de soie. Les titres nombreux qui m'ont été confiés par la famille de Sarrau, me permettront de rétablir la vérité à ce sujet. (*Voir la Note à la suite de cette généalogie*).

Le 28 janvier 1680, noble Hérard I du Cauzé, écuyer, seigneur de Nazelle, habitant la paroisse de Dunes en Condomois, donne procuration, retenue par Me Besse, notaire royal d'Agen, à Me Jean-Baptiste Le Febvre, procureur au Grand Conseil, pour consentir au mariage de noble Jean-Charles du Cauzé, écuyer, fils aîné dudit sieur constituant. Il rappelle avoir émancipé ledit Jean-Charles, par acte du 2 septembre 1675; cette procuration notariée est faite en présence de nobles Adrien de Redon, écuyer, seigneur des Fosses, et Charles de Redon, écuyer, seigneur de Laval.

Le contrat de mariage fut passé à Paris, le 4 mars 1680, entre :

« Jean-Charles du Cauzé, escuyer, sieur de Nazelle, demeurant ordinairement à Dunes, diocèse de Condom...... Fils de Hérard du Cauzé, escuyer, seigneur dudit Nazelle, et de dame Marie de Melet, son épouse, assisté de Me Jean-Baptiste Le Febvre, Procureur au Grand Conseil, demeurant rue Saint-Bon, paroisse Saint-Médéric, au nom et comme procureur dudit sieur du Cauzé père, fondé de sa procuration...... D'une part ;

» Et demoiselle LOUISE ANCEAU, jouissante de ses biens et droits, fille de deffunts Martin Anceau, escuyer, conseiller secrétaire du roy, maison et couronne de France et de ses finances, et de dame Louise Montmirault, sa femme, demeurant isle Notre-Dame, paroisse Saint-Louis, d'autre part. »

Le futur époux est en outre assisté de Louis du Jon, écuyer, son ami, et la future épouse de Louis Anceau, écuyer, et demoiselles Marguerite et Marie-Louise Anceau, ses frère et sœurs. Le contrat est retenu par Vallée et Gaudin, notaires. (*Expédition authentique en parchemin, faisant partie des archives de la famille de Raymond, Agen.*)

Anceau porte : *d'argent, au chevron de gueules, accompagné de trois merlettes de sable, deux en chef et un en pointe. (Armorial général de France manuscrit*, de 1696 à 1699.)

Je crois utile, pour bien faire comprendre l'analyse d'un acte de l'année 1735, rapporté plus loin, de constater ici le mariage contracté le 3 novembre 1683, entre demoiselle Marguerite Anceau, sœur de madame de Nazelle, et noble Gratien de Raymond, écuyer, seigneur de La Garde et de Bonnegarde, successivement mousquetaire gris, aide de camp du maréchal de Boufflers, puis lieutenant de nos seigneurs les maréchaux de France à Agen, frère de madame de Verduzan de Miran, baronne de Cauzac, et fils aîné de messire Charles de Raymond, chevalier, seigneur de La Garde, du Suquet et de Bonnegarde, conseiller du roi, trésorier général de France au bureau des finances de Guienne, puis maître d'hôtel du roi, et de noble dame Marguerite de Rossanes. MM. de Nazelle et de Raymond, devenus beaux-frères par cette union, étaient déjà cousins comme descendus de deux demoiselles de Redon.

Jean-Charles du Cauzé, seigneur de Nazelle, est rappelé comme étant mousquetaire du roi, lorsqu'une donation fut faite en sa faveur, le 6 avril 1690, par noble Jean-Charles du Cauzé, sieur de Lisle, son oncle paternel et son parrain (*Sentence arbitrale rendue le 4 mars 1707, mentionnée à l'article de la branche de Balignac*). Il « fut employé dans diverses négociations. » (*Voir lettres patentes de 1753, pour l'érection du marquisat du Cauzé de Nazelle, citées*) ; et, lors de la création des charges de lieutenant de nos seigneurs les maréchaux de France, il fut pourvu par le roi d'une de ces charges pour les sénéchaussées de Lectoure et d'Armagnac. (*Idem.*) On sait que l'Édit de création d'un lieutenant des maréchaux de France dans chaque bailliage et sénéchaussée, pour être juges du point d'honneur, est daté de Versailles au mois de mars 1693 ; et, pour me servir des termes mêmes de l'Édit, cet office est formé « pour connoître et juger les différends qui surviendront entre les gentilshommes ou autres faisans profession des armes, soit à cause des chasses, droits honorifiques des églises, prééminences des fiefs et seigneuries, ou autres querelles mêlées avec le point d'honneur. » (*La Maréchaussée de France ou Recueil des Ordonnances, Édits, etc.* Paris, 1697, in-4°, p. 1089.)

« Lorsque les lieutenans des maréchaux de France, est-il dit dans les
» premiers articles de ce décret, auront eu avis de quelque différend entre
» les gentilshommes, ou entre ceux qui font profession des armes dans
» leur département, lequel, procédant de paroles outrageuses ou autres
» causes touchant l'honneur, semblera devoir les porter à quelque ressenti-
» ment extraordinaire, ils envoyeront aussitôt aux parties des défenses de
» se rien demander par les voyes de fait, directement ou indirectement, et
» les feront assigner pardevant eux pour y être réglez. »

Le roi ajoute dans les articles suivants :

« 6. Lesdits lieutenans auront rangs dans les cérémonies publiques, im-
» médiatement après les gouverneurs, lieutenans généraux, et lieutenans
» de nos provinces.

» 7. Nous accordons aux lieutenans de nos cousins les maréchaux de
» France, créez par le présent Édit, le droit de survivance tant pour eux
» que pour leurs premiers résignataires, sans pour ce nous payer aucune
» finance ni aucun droit de marc d'or, dont Nous les avons déchargés et
» déchargeons.....

» 10. La présence desdits lieutenans étant nécessaire dans les provinces,
» Nous voulons qu'ils soient exempts du service de ban et d'arrière-ban, et
» leurs accordons par le présent Édit droit de *committimus*, ainsi qu'en
» jouissent les officiers de nos cours supérieures, et l'exemption de tutelle,
» curatelle et nomination d'icelles.

» 11. Ceux d'entre nôtre noblesse qui voudront se faire pourvoir desdits
» offices pourront en posséder plus d'un sans incompatibilité, et les di-
» viser quand il leur plaira..... » (*Idem, p.* 1090 et 1091.)

Une déclaration du roi concernant les droits honorifiques des lieutenants
des maréchaux de France, donnée à Marly le 20 juillet 1694, maintient les
droits portés dans l'Édit de création, les spécifie plus clairement et les
augmente, comme on peut le voir dans l'ouvrage cité, *la Maréchaussée
de France,* p. 1112 à 1114.

Deux titres nous fixent sur les armoiries de la famille du Cauzé de
Nazelle :

Le « commis à la recette des droits d'enrégistrement des armoiries or-
donné être fait par Édit du mois de novembre dernier (1696), soussigné,
reconnoit que M. noble Jean Charles du Caussé, escuyer, sieur de Nazères,
habitant de la ville d'Agen, a ce jourd'hui apporté en ce bureau et présenté
ses armes pour être enregistrées à l'Armorial général, et qu'il a payé..... »
Ce certificat, fait à Agen, le 1er mai 1697, et signé Lachèze, est en original
dans les archives de la famille du Cauzé de Nazelle. — D'un autre côté,
l'*Armorial général de France manuscrit* porte que Jean-Charles du Cauzé,
écuyer, seigneur de Nazère, fit enregistrer ses armes dans les termes suivants : *d'or, au lion de sinople couronné de gueules, à la fasce de sable,
chargée de 3 molettes d'éperons d'or, brochante (registre Guienne,* fol. 13,
n° 49). Il est évident que le certificat ou *récépissé* et l'Armorial général
susmentionnés ont inscrit par erreur, que Jean-Charles du Cauzé, écuyer,
était seigneur de Nazère, au lieu de seigneur de Nazelle.

La cour de parlement de Toulouse rendit des arrêts, en date des 26 juin
et 20 juillet 1702, en faveur de « messire Jean Charles du Cauzé, seigneur
» de Nazelles, lieutenant de messieurs les maréchaux de France au dépar-
» tement d'Armaignac, résidant dans la ville d'Agen, âgé de cinquante-
» cinq ans..... » (*Expédition en parchemin faisant partie de mes archives,* J. DE BOURROUSSE DE LAFFORE).

Louis XIV avait accordé une pension héréditaire de mille livres au seigneur de Nazelle, pension que les descendants de ce dernier ont reçue
jusqu'à la Révolution.

Jean-Charles du Cauzé, seigneur de Nazelle, mourut, avant le 7 février
1707, revêtu de la charge de lieutenant des maréchaux de France. Sa
veuve lui survécut plus de trente ans, habita la ville d'Agen, fit une donation le 22 octobre 1737 en faveur de demoiselle Louise du Cauzé de Nazelle

de Lisle, sa petite-fille, et avait eu de son mariage quatre fils et une fille :

1° Hérard du Cauzé, IIe du nom, qui a continué les seigneurs de Nazelle ;

2° N..... du Cauzé dit le chevalier de Nazelle, mousquetaire, tué d'un boulet de canon à la bataille de Malplaquet, le 11 septembre 1709 *(Lettres patentes de 1755 pour l'érection du marquisat du Cauzé de Nazelle);*

3° Charles-Louis du Cauzé de Nazelle, sieur de Lille, auteur de la BRANCHE DE LILLE, rapportée en son lieu ;

4° Messire Hérard du Cauzé de Nazelle, IIIe du nom, écuyer, capitaine au régiment de Boufflers, mort au service *(Lettres patentes de 1755, citées);*

5° Demoiselle Marie-Louise du Cauzé de Nazelle, mariée, par contrat du 24 décembre 1716, dont la teneur suit : « .... Messire Raymond de Missandre, écuyer, sieur de Puicaubel, fils de messire Jean de Missandre, écuyer, sieur de Pécaubel, et de damoiselle Anne de Faure....... d'une part ; et demoiselle Marie-Louise du Cauzé de Nazelle, fille de feu noble Jean-Charles du Cauzé, seigneur de Nazelle, lieutenant de nos seigneurs les maréchaux de France, et de dame Louise Anceau, habitante de la présente ville (Agen), paroisse Saint-Étienne...» L'épouse est assistée de Messire Hérard du Cauzé, seigneur de Nazelle, lieutenant de nosseigneurs les maréchaux de France, et capitaine de cavalerie au régiment de Villepreux ; de noble Joseph du Cauzé de Balignac, seigneur du Cluset, son oncle ; de dame Marguerite Danceau, veuve de messire Gratien de Raymond, seigneur de Lagarde, aussi délégué des susdits maréchaux de France, et de demoiselle Louise d'Anceau, ses tantes maternelles. *(L'acte est retenu par Gélieu, notaire royal d'Agen.)*

Madame de Missandre devient veuve quelques mois seulement après son mariage, le 17 avril 1717, et meurt le 5 février 1738, laissant un fils dont la descendance n'est plus représentée que par une fille.

La famille de Missandre porte pour armes : *d'azur, à deux tours d'argent, maçonnées de sable, et une étoile d'argent posée entre les deux tours. (Armorial général de France, manuscrit,* 1696-1699.)

VIII. Noble, messire HÉRARD DU CAUZÉ, IIe du nom, écuyer, chevalier, seigneur de Nazelle, et du chef de son épouse vicomte de Prouvais, etc., capitaine de cavalerie, lieutenant de nos seigneurs les maréchaux de France, chevalier de Saint-Louis, héritier universel et fils aîné de messire Jean-Charles du Cauzé, écuyer, seigneur de Nazelle, lieutenant de nos seigneurs les maréchaux de France, et de dame Louise Anceau, était capitaine au régiment de cavalerie de Bellefons, et servait en cette qualité audit régiment, lorsque des lettres d'État ou de permission de six mois, datées de Versailles, le 5 décembre 1707, signées LOUIS, par le roy, Chamillart, lui furent accordées pour aller s'occuper de ses affaires per-

sonnelles. (*Original en parchemin faisant partie de mes archives*. J. DE
BOURROUSSE DE LAFFORE.)

Les affaires personnelles qui le ramenaient en Agenais et Condomois,
consistaient particulièrement en un procès considérable qu'il avait avec
noble Joseph du Cauzé, écuyer, seigneur de Balignac, son oncle paternel,
relativement à la fortune de noble Hérard I du Cauzé, seigneur de Nazelle,
et de demoiselle Marie de Mellet, père et mère du seigneur de Balignac, et
grand-père et grand'mère dudit Hérard II, capitaine, procès que je ferai
connaître à l'article des seigneurs de Balignac.

Hérard II fut successivement capitaine dans divers régiments de cavalerie, par exemple dans le régiment de Bellefons, durant tout le temps de
son procès avec le seigneur de Balignac, son oncle paternel, du 7 février
1707, au 4 août 1709. — Il est dit, dans une quittance notariée, dont je
possède l'original signé par deux notaires et par lui, que « messire Hérard
du Cauzé de Nazelle, écuyer, capitaine de cavalerie au régiment de Montauban, ayant droit de recevoir les augmentations de gages cy après mentionnés, comme légataire universel de feu messire Jean-Charles du Cauzé
de Nazelle, son père, lieutenant de nos seigneurs les maréchaux de France
dans la sénéchaussée de Lectoure en Armaignac, a confessé avoir reçu
comptant de   Paparel, écuyer, conseiller du roy, trésorier
général de l'ordinaire des guerres, la somme de quarante-six livres dix-
sept sols six deniers pour les arrérages pendant l'année mil sept cens unze,
de pareille somme d'augmentation de gages attribuées et appartenans à
ladite charge de lieutenant de nos seigneurs les maréchaux de France,
dans ladite sénéchaussée de Lectoure en Armaignac.... » Cette quittance,
signée DU CAUZÉ DE NAZELLE, est faite à Paris, le 4 février 1712, en présence des notaires gardenotes et du scel de cette ville, qui signent :
L. BLAIGUIN (ou L. MAIGUIN) et HENRY. (*Original en parchemin faisant
partie de mes archives*. J. DE BOURROUSSE DE LAFFORE.)

Hérard II se marie à Paris, le 28 septembre 1715, le 28e jour après la
mort du roi Louis XIV ; il est, malgré le grand deuil de la cour, assisté à
son contrat de mariage par plusieurs princes et princesses du sang. De
nombreux parents et amis des futurs époux, quelques-uns d'un rang élevé,
sont aussi présents au même acte, comme on va le voir par la teneur du
contrat :

« Par devant les conseillers du roy, notaires au Châtelet de Paris, soussignés,
furent présent messire Hérard du Cauzé, chevalier, seigneur de Nazelle, capi-

taine de cavalerie dans le régiment de Villepreux et lieutenant de messieurs les
maréchaux de France en Guyenne, fils aisné de deffunt messire Jean-Charles du
Cauzé, chevalier, seigneur de Nazelle, et de dame Louise Anceau, à présent sa
veuve, ses père et mère, demeurant ordinairement dans la ville d'Agen, étant de
présent à Paris, logé rue Neuve et paroisse Saint-Médéric; assisté de messire Yves
Joseph Pommyer, chevalier, conseiller du roy, président trésorier de France en la
généralité d'Alençon....... au nom et comme fondé de procuration spéciale à l'ef-
fet des présentes passée par devant Gélieu, notaire audit Agen........... d'une part;
» Et messire Charles de Bezanne, chevalier, seigneur vicomte de Prouvay, de
Poulandon, Morgny et autres lieux, commissaire de la noblesse du bailliage de
Vermandois, et demeurant ordinairement en son château de Prouvay, proche
Re.ms, bailliage de Laon, estant de présent à Paris, logé à l'hostel de Mets, rue
Brise-Miche, susdite paroisse Saint-Médéric, tant en son nom que comme fondé de
procuration spéciale à l'effet des présentes, de dame Clairemonde de Marquette,
son épouse, passée en conséquence de l'autorisation envoyée par le dit seigneur
vicomte de Prouvay à ladite dame son épouse, reçue par Meunier et Remy, notaires à Paris, le vingt-un du mois de septembre présente année, à l'effet de ladite
procuration par devant Lenain et Blancher, notaires en la ville de Laon, le
vingt-sept dudit mois de septembre........... ledit seigneur de Prouvay stipulant es
dits noms en cette partie pour damoiselle CATHERINE-CLAIRE-JULIE DE BE-
ZANNE, leur fille, demeurante à Paris avec ledit seigneur son père, à ce présente
et de son consentement aussy pour elle et en son nom, d'autre part.
» Lesquelles parties en la présence et de l'agrément de très-haut, très-puissant
et très-illustre prince monseigneur Louis-Auguste de Bourbon, duc du Maine,
prince du sang, par la grâce de Dieu, prince souverain de Dombes, comte d'Eu,
duc d'Aumalle, colonel général des cents Suisses et Grisons, gouverneur pour sa
Majesté dans ses provinces de haut et bas Languedoc, Grand-maître et capitaine
général de l'artillerie de France. — Très-haute, très-puissante et très-illustre
princesse madame Louise-Bénédicte de Bourbon, son épouse, princesse du sang,
— Très-haut, très-puissant et très-illustre prince monseigneur Louis-Auguste de
Bourbon, prince de Dombes, prince du sang, et en survivance de mondit seigneur
le duc du Maine, son père, colonel général des Suisses et Grisons, gouverneur
pour sa Majesté dans ses dites provinces de haut et bas Languedoc. — Très-haut,
très-puissant et très-illustre prince monseigneur Louis-Charles de Bourbon, comte
d'Eu, prince du sang, gouverneur pour sa Majesté dans ses provinces de Guyenne
et de Gascogne, et en survivance de mondit seigneur duc du Maine, son père,
grand-maître et capitaine général de l'artillerie de France. — Et très-haute, très-
puissante et très-illustre princesse, mademoiselle Louise-Françoise de Bourbon,
princesse du sang. »

Après les princes et princesses qui viennent d'être nommés, les parents
et les amis des futurs époux, présents au contrat, sont mentionnés dans les
termes suivants :

« Et encore du consentement de leurs parents et amis cy après nommés, sçavoir
du costé dudit sieur de Nazelle, futur époux, de Me Louis Anceau, avocat au par-

lement, son oncle maternel; messire Nicolas de Malezieux, chevalier, chancelier de Dombes, seigneur de Chateney et des Tourmelles; messire Jacques d'Estampes, gouverneur de Messeigneurs les princes de Dombes et comte d'Eu; messire Jacques du Pin de Bessac, capitaine des gardes de mondit seigneur le comte d'Eu; illustrissime et révérendissime seigneur Monseigneur Nicolas de Malézieux, conseiller du roy en ses conseils, évesque de Lavaur; damoiselle Françoise Fauvel, épouse de monsieur de Malézieux, gouvernante de Mademoiselle du Maine; damoiselle Marie-Anne-Françoise Desforges, fille; maître Jean-Baptiste Lefevre, avocat au parlement; messire Jean-Baptiste-Simon Lefevre, écuyer, président trésorier de France au bureau et chambre du Domaine de la généralité d'Alençon; damoiselle Françoise L'Evesque, fille; damoiselle Magdeleine-Elizabeth de la Leu aussy fille; et damoiselle Marguerite Lefevre, épouse de monsieur Pommyer, tous ses amis et amies.

» Et, du costé de ladite damoiselle de Prouvay, de dom Louis de Bezanne, bénédictin, son oncle paternel; dame Rénée-Thérèse Dabon, épouse de monsieur le marquis de Prouvay, chef d'escadre, cousine paternelle à cause dudit seigneur son époux; dame Marie Soufflot, épouse de messire François Hannibal (*sic*) du Merle, chevalier, seigneur du Blancbuisson, cousine paternelle; messire Charles-Henry de Marolles, chevalier, seigneur de Morgny et de Boissay, fils de l'épouse dudit seigneur de Prouvay, père de ladite damoiselle de Prouvay; Joseph Dantar, écuyer; messire Claude Anjoran, chevalier, conseiller du roy en sa cour de Parlement et commissaire en la première Chambre des requestes du Palais; messire Bazille Claude-Henry Anjoran, son fils, chevalier; messire Jacques de La Porte, conseiller du roy, maître ordinaire en sa Chambre des comptes; Me Antoine Begon, avocat en Parlement; messire Thierry-Antoine Charpentier, chevalier, enseigne aux gardes françoises; Pierre Gérémie, cy-devant écuyer, conseiller secrétaire du roy; Charles-Claude Le Bosseur, écuyer, sieur de la Beaune, et Despluches, conseiller du roy, ancien économe général du diocèse de Paris, et autres............ reconnaissent avoir fait ensemble les traités et conventions de mariage qui suivent......... »

Le seigneur vicomte de Prouvay, donne en avancement d'hoiries à sa fille, future épouse, la terre de Poulandon, située dans l'étendue de la coutume de Valois, avec ses appartenances et dépendances, tant en fief que roture, même les acquisitions qu'il y a faites, en quoi qu'elles consistent. Il déclare tenir cette terre de la succession de messire Guillaume de Bezannes son père, et de la succession future de dame Suzanne de Gonelieu, sa mère. Le même vicomte de Prouvay donne au nom de la dite dame de Marquette, son épouse, la somme de quinze mille livres, aussi en avancement d'hoiries.

Le seigneur de Nazelle, futur époux, se constitue tous les biens qui lui appartiennent par le décès de messire Jean-Charles du Cauzé de Nazelle, son père, par une donation faite en sa faveur par messire Hérard du Cauzé, son aïeul, et par messire Joseph du Cauzé, son grand-oncle, tels que meubles, immeubles, chevaux, équipages, etc., et vingt mille livres du chef de dame Louise Anceau, sa mère. — Le contrat est reçu à Paris le 28 septembre 1715 et expédié sur parchemin par DONA et MOET, notaires (¹) (*grosse en parchemin aux archives de Raymond, Agen.*)

Catherine-Claire-Julie de Bezannes de Prouvais, qui avait reçu en se mariant la terre et seigneurie de Poulandon, eut, à la mort de son père, en sa qualité de fille unique, la terre et seigneurie de Prouvais, dont Jean de Bezannes, écuyer, seigneur de Bezannes près Rheims, de Condé, de Maigneux et de Prouvay, son sixième aïeul, avait rendu hommage le 14 septembre 1477. Ce sixième aïeul paternel de la dame de Nazelle était seigneur de Prouvais, du chef de Perrette de Boham, son épouse, fille de Gobert de Boham, seigneur de Sugny et de Marie de Condé.

La maison de Bezannes porte : *d'azur, semé de bezans d'or, au lion d'argent. (Procès-verbal de la recherche de la noblesse de Champagne, fait par M. de Caumartin, intendant de la dite province, 1670.)*

Le 3 mars 1734, mourut demoiselle Marie-Louise Anceau, que nous avons vue cinquante-quatre ans plus tôt, le 4 mars 1680, avec sa sœur Marguerite (devenue madame de Raymond, le 3 novembre 1683), assister au contrat de mariage de demoiselle Louise Anceau, sa sœur aînée, avec Jean-Charles du Cauzé, écuyer, seigneur de Nazelle. Elle eut pour héritier universel Hérard du Cauzé, fils de sa sœur Louise, et pour légataires particuliers Louise de Raymond et Gratien de Secondat, fille et petit-fils de sa sœur Marguerite.

« .... Dame Louise de Raymond, veuve de messire Godefroy de Secondat, seigneur de Roquefort, Brax, Guillot et autres places, et messire Hérard du Cauzé de Nazelles, chevalier, vicomte de Prouvais, seigneur de Poulandon, de Beygens, et partie de Relong le Long, capitaine de cavalerie dant le régiment de Rufec, lieutenant de nos seigneurs les maréchaux de France en la province de Guienne, chevalier de l'ordre royal militaire de Saint-Louis, héritier de deffunte demoiselle Marie-Louise Anceau, tante des parties........»

passent, le 29 mai 1735, une transaction dans laquelle ils rappellent que ladite

(¹) Dans l'état des biens délaissés par le père du futur époux, état inséré dans ledit contrat de mariage, sont mentionnés :
« La terre et chasteau de Nazelle, jardin, parc, enclos, garenne ;
Les domaines de Nazelle, Baringue et Pommer ;
La terre de La Balerme, le tout près le bord de la Garonne ;
Le domaine de Treilles ;
La maison d'Agen et le chasteau de Nazelle très-bien meublés, vaisselle d'argent, et tout ce qu'i faut dans une maison, les bestiaux, les chevaux du domaine et de l'usage. »

demoiselle Marie-Louise Anceau, morte le 3 mars 1734, avait constitué la somme de deux mille livres à ladite dame Louise de Raymond, sa nièce, lors du contrat de mariage de cette dernière, reçu par Mathieu, notaire, le 26 août 1706. Messire Florimond de Vassignac (ou de Bassignac), chevalier, seigneur de la Maurelle, lieutenant-colonel de dragons, intervient à la même transaction au nom de messire Gratien de Secondat, chevalier, cornette au régiment de Condé Dragons, fils de ladite dame Louise de Raymond, et en vertu de la procuration de ce dernier, passée à Montmorency, le 21 mars 1735, devant Collard et Rozet, notaires royaux. (*Original en papier aux archives de madame la comtesse Marie de Raymond.*)

Hérard II du Cauzé de Nazelle, vicomte de Prouvais, mourut le 31 mars 1740, ayant eu de son mariage avec Catherine-Claire-Julie de Bezannes de Prouvais :

1º Louis-Charles-Victor, qui a continué la postérité ;
2º N....... du Cauzé de Nazelle, destiné à l'ordre de Malte, mort à Agen, vers l'année 1730.

IX. Noble, messire LOUIS-CHARLES-VICTOR DU CAUZÉ, Iᵉʳ du nom chevalier, seigneur de Nazelle, de Balignac, de Guignicourt, de Neuchâtel, de Menneville, de Proviseux, de Soudron, de Courtison, de Lespine, et vicomte de Prouvais, premier MARQUIS DU CAUZÉ DE NAZELLE, capitaine de dragons au régiment de Vibraye, puis de Caraman, lieutenant des maréchaux de France dans la province de Guienne, chevalier de l'ordre royal et militaire de Saint-Louis, gouverneur de la ville de Châlons, en Champagne, né dans la ville d'Agen, le 13 juillet 1716, eut pour parrain messire Charles de Bezannes, vicomte de Prouvais, son grand-père maternel, représenté par messire Charles-Louis du Cauzé de Nazelle, capitaine au régiment royal d'infanterie, son oncle paternel, et pour marraine dame Louise Anceau, veuve du seigneur de Nazelle, sa grand'mère paternelle. (*État civil de la ville d'Agen, paroisse Saint-Étienne.*)

Après dix ans de service dans les mousquetaires à cheval (de 1732 à 1742), il obtint une compagnie de dragons dans le régiment de Vibraye, comme on le voit par le certificat suivant :

« Nous, Marquis de Montboissier, capitaine lieutenant de la seconde compagnie des mousquetaires à cheval de la garde ordinaire du roy, et lieutenant général de ses armées,

» Certifions que Monsʳ de Prouvay, l'un des mousquetaires de ladite compagnie, a très-bien servy en cette qualité depuis le 1er juillet mil sept cent trente-deux jusqu'au sept de may mil sept cent quarante-deux, et le roy luy ayant accordé l'agrément d'une compagnie de dragons dans le régiment de Vibraye, nous luy avons accordé son congé absolu. — Fait à Paris le deux juin mil sept cent quarante-deux.

» MONTBOISSIER. »

(Original en papier aux archives du marquis du Cauzé de Nazelle.)

Le 9 janvier 1747, M^e De Bar, notaire royal à Châlons, en Champagne, retient le contrat de mariage passé au château de Lespine, entre « messire Louis-Charles-Victor du Cauzé, chevalier, vicomte de Prouvay, seigneur de Nazelle, de Balignac et de Guignicourt, lieutenant des maréchaux de France dans la province de Guienne, capitaine de dragons dans le régiment de Caraman, fils de deffunt messire Hérard du Cauzé, lieutenant des maréchaux de France dans la province de Guienne, chevalier de l'ordre royal et militaire de Saint-Louis, et capitaine de cavalerie dans le régiment de Rufec, et de dame Catherine-Claire-Julie de Bezannes, dame de Poulandon, demeurante à Prouvay, paroisse Saint-Victor, diocèse de Laon, ses père et mère, la dite dame aujourd'hui veuve dudit deffunt sieur du Cauzé. Ledit sieur du Cauzé comparant estant de présent au lieu de Lespine, assisté et autorisé de messire Jean-Baptiste-André de Godet, chevalier, vicomte de Vadenay, seigneur d'Oiry, Neuflise, Tessy et Cuperly, commissaire de la noblesse au département de Champagne, fondé de pouvoir par ladite dame de Poulandon, d'une part ;

« Et damoiselle EDMÉE-CATHERINE-AGATHE DE LÉPINE, fille de messire Claude-Louis de Lépine, chevalier, seigneur de Lépine et Soudron, et de dame Catherine Raulet, son épouse, ses père et mère, demeurant actuellement et estant audit lieu de Lépine en leur château..... d'autre part. »

Ce mariage est fait de l'agrément de « dame Anne-Magdeleine-Éléonore de Bezannes épouse dudit sieur de Vadenay, cousine dudit sieur futur époux ; messire Jérosme-César de Godet de Neuflise, capitaine au régiment de la couronne, son cousin ; messire Godefroy-François-Jean-Baptiste-Lucrèce Thibault, vicomte de Chanosé, chevalier, capitaine au régiment de Caraman-dragons ; messire Jean-Baptiste Labrusse, prêtre, curé de Prouvay, ami dudit futur époux. — Et de la part de la damoiselle future, de Françoise de Lépine, damoiselle, fille majeure, grand-tante à ladite damoiselle future ; Cécile-Angélique-Colombe de Lépine, damoiselle, aussy fille, et tante de la damoiselle future; messire Jean-Baptiste Dubois, chevalier, seigneur de Chantraine, Souchery, Sauvain, Sainte-Mare-lès-Roussy, Chevigny et autres lieux, conseiller d'épée au bailliage et siége présidial de Chalons, oncle maternel à cause de la dame son épouse; dame Élizabeth Raulet, épouse dudit sieur de Chantraine; dame Marie-Louise Raulet, veuve de Claude de Chantaire, écuyer, sa tante maternelle; messire Louis-François Legoix, prêtre, docteur de Sorbonne, chanoine de l'église de Chalons, son cousin issu de germains, et dame Magdeleine-Frédérique Charuel, épouse de messire Jacques Legoix, chevalier, seigneur d'Athiés et autres lieux, sa cousine germaine à cause dudit sieur son mary. » Tous signés avec les futurs époux et DE BAR, notaire royal. *(Grosse en parchemin, faisant partie des archives de madame la comtesse Marie de Raymond, Agen.)*

M. Édouard de Barthélemy a publié, pour la première fois en 1862, l'*Armorial général de la généralité de Chalons-sur-Marne*, exécuté de 1697 à 1709. On y lit à la page 38, la mention suivante :

« 324 DE LESPINE, Louis, chevalier, seigneur du lieu, lieutenant colonel du régiment du roi (cavalerie) : *d'azur, à trois roses d'or, tigées et feuillées.* — Et en note : le nom de la famille est *Clément.* »

D'après des cachets de famille, de Lespine porterait : *d'or, à deux cornets de sable, posés en fasce, l'un au-dessus de l'autre, accompagnés en chef d'une étoile de gueules, et en pointe d'une rose de même.*

La vicomté et châtellenie de Neuchâtel (située sur la rivière d'Aisne, ayant toute justice haute, moyenne et basse), qui était mouvante et relevait en plein fief de la tour de Laon; les terres et seigneuries de Pignicourt, Menneville et Proviseux, desquelles relevaient les terres et fiefs de Sevigny, Lor, La Malmaison, Aguilcourt, Évergnicourt, le grand et le petit Menancourt, la Bricogne, Merlet, Hupignicourt, Coq-en-Rue, Bordaux-Bois, Bouy, Pleinon, Magnivillers, Robert-Champ, Frontigny, Les Trembleaux et la fosse du moulin de Guignicourt, furent unies en une seule et même seigneurie, érigée en titre et dignité de marquisat, sous le nom de MARQUISAT DU CAUZÉ DE NAZELLE, en faveur de Louis-Charles-Victor du Cauzé, seigneur de Nazelle, vicomte de Prouvais, etc. Les lettres patentes pour l'érection de ce marquisat, dont on trouvera le texte à la suite de cette généalogie, sont datées de Compiègne au mois d'août 1753. Le roi y rappelle avec précision les services rendus à la France par ledit du Cauzé de Nazelle, vicomte de Prouvais, et nominativement par chacun de ses ancêtres depuis le quinzième siècle ; il constate également l'ancienneté de la noblesse de cette famille, « une des plus illustres, ajoute le monarque, de notre province de Guienne. »

Le marquis du Cauzé de Nazelle était encore lieutenant des maréchaux de France et gouverneur de la ville de Châlons-sur-Marne, en l'année 1785, comme on le voit par les pièces d'un procès qu'il avait devant M. le grand sénéchal d'Agenais, en qualité de créancier d'Henri-Ignace, comte de Montalembert, vicomte de Cours, seigneur de Montbeau, Lapoujade et autres lieux, habitant du château de Montbeau, paroisse Saint-Georges, juridiction de Tournon, en Agenais. Ledit comte de Montalembert était héritier, possesseur et bien-tenant de défunte dame Louise de Lagoutte, sa mère, et celle-ci de messire François de Lagoutte, seigneur comte de Lapoujade, et d'Henry de Lagoutte, marquis de Lapoujade, vicomte de Cours, grand-père et père de ladite Louise de Lagoutte, comtesse de Montalembert.

Le marquis du Cauzé de Nazelle était créancier d'une somme de six mille livres de capital, à rente constituée de cent quatre-vingt-cinq livres annuellement, en vertu d'un contrat de renouvellement de ladite rente, en date du 27 mai 1763, consenti en sa faveur par défunte dame Louise de Lagoutte, mère dudit comte de Montalembert, devant Dudebert, notaire royal, à Agen, et autres titres y énoncés, dont l'hypothèque remonte à l'année 1720. Il réclamait en outre sept cent quarante livres pour quatre années d'arrérages de ladite rente constituée (*Pièces dans mes archives.* J. de Bourrousse de Laffore).

Le cahier de l'ordre de la noblesse du bailliage de Châlons-sur-Marne, pour l'élection des députés aux États généraux du royaume, porte au procès-verbal des séances de cet ordre que :

« Louis-Charles-Victor, marquis du Cauzé de Nazelle, chevalier, seigneur vicomte de Prouvay, Menneville, Guignicourt, Pignicourt, Proviseux, Balignac, Lépine, le Ban de Bussy, Soudron et le fief dit de Saint-Quentin, chevalier de l'ordre royal et militaire de Saint-Louis, ancien capitaine de dragons de Caraman, lieutenant de nos seigneurs les maréchaux de France, vote avec la noblesse du bailliage de Châlons-sur-Marne, le 13 mars 1789. » (*Cahier susdit à Châlons, chez Seneure, imprimeur du roi, M. DCCLXXXIX.*)

Les gentilshommes de ce bailliage lui avaient offert de l'élire député :

il refusa cet honneur à cause de sa santé et de son âge, comme on peut le voir dans sa lettre du 3 avril 1789 (*Original dans mes archives*).

La marquise de Nazelle, née de Lespine, mourut au château de Guignicourt, le 19 février 1791, et fut inhumée à Lespine au caveau de ses ancêtres. Le marquis de Nazelle mourut le 2 novembre de la même année, âgé de soixante-quinze ans. Il ne fit point de testament, mais il exprima verbalement à ses enfants son désir de donner une somme de 1,000 livres à son filleul et son cousin germain Charles-Louis-Victor du Cauzé de Nazelle, dit de Lisle, ancien garde du corps de la compagnie de Noailles, et pareille somme à Thérèse dite Thérésette, si elle n'était pas mariée, enfants l'un et l'autre de messire Charles-Louis du Cauzé, chevalier de Nazelle, dit de Lisle, ancien capitaine d'infanterie dans Royal. Une quittance, signée NAZELLE CADET DE LISLE, prouve que ces 1,000 livres furent payées à ce dernier le 7 mars 1792, par Philippe du Cauzé, cinquième fils dudit marquis.

Sept enfants étaient nés du mariage de ce dernier :

1º LOUIS-CHARLES-VICTOR, IIᵉ du nom, et deuxième MARQUIS DU CAUZÉ DE NAZELLE, connu dans sa jeunesse sous le nom de Guignicourt, entré au service en 1775, lieutenant au régiment du roi infanterie, en 1777, capitaine en 1779 au même régiment, chevalier de l'ordre royal et militaire de Saint-Louis, porte, en 1789, la qualité de gouverneur de la ville de Châlons, charge dont le premier marquis de Nazelle son père était encore revêtu en 1787. Il avait épousé à Rheims, le 18 juillet 1787, demoiselle RICHARDE-ANGÉLINE-ÉLISABETH D'AMBLY, dite mademoiselle DE RICHECOURT, fille de messire Claude-Jean-Antoine, marquis d'Ambly, vicomte de Richecourt, seigneur de Blaise, Theline, etc., syndic de la noblesse de Champagne, maréchal des camps et armées du roi, commandeur de l'ordre de Saint-Louis depuis 1781, commandant pour sa Majesté à Rheims, député de la noblesse du bailliage de Rheims aux États généraux en 1789, et de Marie-Catherine de Guyot.

D'Ambly porte : *d'argent, à trois lionceaux de sable.*

Le deuxième marquis du Cauzé de Nazelle est mort en 1823, n'ayant eu de son mariage qu'une fille.

ANGÉLIQUE-CATHERINE-LOUISE-VICTOIRE DU CAUZÉ DE NAZELLE, née en 1788, morte le 7 novembre 1818. Elle avait été mariée, le 18 février 1806, à CHARLES-LOUIS DE CHAMISSO DE BONCOURT, ancien premier page de Louis XVI, chevalier de Saint-Louis, mort le 13 novembre 1822, laissant une fille unique.

CAROLINE DE CHAMISSO, mariée au comte ALEXANDRE DE CHAMISSO, son cousin germain, dont elle n'a point d'enfant.

De Chamisso porte : *d'argent, à cinq trèfles posés en sautoir de sable en chef, et à deux mains dextre et senestre renversées de même, posées en pointe.*
Résidence : La Malmaison, canton d'Aï (Marne); et Paris.

2º François-Louis-Hérard-Victor du Cauzé de Nazelle, vicomte de Prouvay, entré au service en 1775, lieutenant au régiment du roi infanterie, capitaine en 1780 au même régiment, chevalier de l'ordre royal et militaire en 1790. Il vote, en 1789 avec la noblesse du bailliage de Châlons-sur-Marne; il est inscrit parmi les votants sous les noms de « Louis-François-Hérard-Victor du Cauzé, comte de Prouvay, capitaine commandant au régiment d'infanterie du roi. (*Procès-verbal cité à l'article de son père.*)

Il épouse à Vitry-le-François-sur-Marne, le 2 juillet 1793, demoiselle Mélanie de Paillot, née le 28 octobre 1770, fille de Jean-Nicolas Paillot, comte de Paillot, chevalier de l'ordre royal et militaire de Saint-Louis, et de dame Anne-Ursule-Jeanne Le Noir. (*Voir généalogie de Paillot, dans Saint-Allais, tome IX.*)

De Paillot port : *d'azur, au chevron d'or, accompagné de trois feuilles d'orme aussi d'or, 2 et 1, et d'une étoile du même à la pointe du chevron; au chef cousu de gueules chargé de trois couronnes d'or.*

De ce mariage naquirent deux filles :

    A. Ernestine du Cauzé de Nazelle de Prouvay, morte jeune;

    B. Aglaé du Cauzé de Nazelle de Prouvay, morte à Paris en 1861.

3º Louis-Hérard-Victor, baron, puis troisième marquis du Cauzé de Nazelle, qui a continué la postérité;

4º Louis-Joseph-Hérard-Victor du Cauzé, dit l'abbé de Nazelle, prêtre, docteur en Sorbonne et grand vicaire de l'évêché de Châlons. Il reçut la terre de Lépine dans le partage de la succession paternelle, fait à Châlons le 27 mars 1792, devant Petit, notaire royal;

5º Philippe-Louis-Hérard-Victor du Cauzé, dit dans sa jeunesse le chevalier de Nazelle, puis le COMTE DE NAZELLE, dont l'article suivra celui de son frère;

6º Edmée-Joachine-Victoire du Cauzé de Nazelle, dite Mademoiselle de Guignicourt, mariée le 27 janvier 1784, avec Henri, comte d'Herbemont, né en 1746, cornette au régiment de Trazégnies en 1760, capitaine au régiment de Chartres cavalerie en 1776, émigré en 1792, chevalier de Saint-Louis. La comtesse d'Herbemont est morte le 17 novembre 1785, sans laisser de postérité. (*De Saint-Allais, article d'Herbemont, tom. XI.*)

D'Herbemont porte : *d'azur, à trois bandes d'or; cimier, un pélican.*

7º Edmée-Catherine-Laurette du Cauzé de Nazelle, mariée le 9 novembre 1777, avec messire Louis-Antoine-Eustache le Clerc, marquis de Lesseville, retiré capitaine en premier au corps royal d'artillerie, régiment de Grenoble, chevalier de l'ordre royal et militaire de Saint-Louis.

Le Clerc de Lesseville porte : *d'azur, à trois croissants d'argent.*

La marquise de Lesseville mourut le 16 septembre 1793, laissant de son mariage un fils et une fille morts jeunes, et

Eustache-Louis le Clerc, marquis de Lesseville, seigneur de l'Aulnay de Lètre, marié 1º avec demoiselle Adèle de Linglois, fille de messire N... de Linglois, ancien capitaine de dragons, chevalier de Saint-Louis; 2º en 1831, avec Mᵐᵉ — de Tugnot. Le marquis de Lesseville est mort sans laisser de postérité. Sa veuve habite le château d'Aulnay de Lètre (Marne).

X. LOUIS-HÉRARD-VICTOR DU CAUZÉ, connu sous le nom de marquis de Guignicourt, est le troisième et non le cinquième fils de Louis-Charles-Victor du Cauzé, chevalier, vicomte de Prouvais, marquis du Cauzé de Nazelle, et d'Edmée-Catherine-Agathe de Lépine. Né le 10 juillet 1753, il entre au service vers 1769, est nommé capitaine au régiment de dragons de Languedoc en 1789, lieutenant-colonel au 1ᵉʳ régiment de chasseurs en 1790, chevalier de l'ordre royal et militaire de Saint-Louis en 1814, membre du conseil municipal de Rheims sous l'empire, maire de Guignicourt sous la restauration. Le marquis de Guignicourt devint troisième MARQUIS DU CAUZÉ DE NAZELLE, à la mort de son frère aîné, en 1823.

Quelques erreurs regrettables se sont glissées dans la nouvelle édition de l'*Armorial général de d'Hozier,* par suite de confusions de prénoms et d'ordre de naissance. Je vais les rectifier en peu de mots. Le premier marquis du Cauzé de Nazelle eut cinq fils, dont un seul, le *troisième,* et non le cinquième comme l'*Armorial* le dit par erreur, a laissé un garçon, chef actuel de la famille. Ce troisième fils, qui devint lieutenant-colonel en 1790, était né le 10 juillet 1753, et se nommait *Louis-Hérard-Victor.* Enfin, il n'avait pas le prénom de Philippe Le cinquième fils, au contraire (père de la vicomtesse de Raymond), s'appelait *Philippe-Louis-Hérard-Victor,* et non Charles-Victor comme le dit l'*Armorial,* et il était né à la fin de l'année 1762 ou au commencement de 1763, c'est-à-dire dix ans *plus tard* que celui que l'*Armorial* fait le plus jeune. Je rétablis dans ce travail l'ordre des naissances et les véritables prénoms.

Ce Louis-Hérard-Victor avait épousé, en 1792, LOUISE-CHARLOTTE DE FÉRET, née le 27 août 1776, fille d'Antoine-Philippe-Alexandre de Féret, et de Delphine du Val de Dampierre.

De Féret porte : *d'argent, à trois fasces de sable. (Noblesse de Champagne par M. de Caumartin.)*

Le marquis de Nazelle est mort le 1ᵉʳ mai 1848, et sa veuve est décédée le 11 septembre 1855. De leur mariage était né un fils unique dont l'article suit :

XI. HÉRARD DU CAUZÉ, IVᵐᵉ du nom et quatrième MARQUIS DU CAUZÉ DE NAZELLE, chef actuel des noms et armes de sa famille, naquit à Châlons-sur-Marne, le 13 mai 1795, et eut pour parrain son grand-père le premier marquis du Cauzé de Nazelle, et pour marraine, mademoiselle de Féret, sa tante. Entré aux chevau-légers de la garde du roi, le 1ᵉʳ juillet

1814, lieutenant aide de camp du général chevalier de Monteil, le 26 août 1815, lieutenant au régiment de hussards du Jura, le 17 janvier 1816, capitaine le 26 février 1823, il a fait la campagne d'Espagne en 1823 dans la division Bourke, dont les opérations ont eu lieu en Galice et en Estramadure, et le 18 novembre 1823, il fut nommé chevalier de l'ordre royal et militaire de 2me classe de Saint-Ferdinand d'Espagne. Mis en disponibilité sur sa demande en 1828, maire de Guignicourt la même année, rayé des contrôles de l'armée en 1830 pour refus de serment et démissionnaire de maire pour la même cause, il fut fait chef de bataillon de la garde nationale en 1848.

Un célèbre auteur de romans, Eugène Sue, publiait un roman historique intitulé *Latréaumont*, et le faisait précéder d'une préface datée de Chatenay, le 30 octobre 1837, dans laquelle se trouve la phrase suivante :

« .... L'auteur de ce livre a obéi à toutes les exigences, à tous les développe-
» ments de cette donnée entièrement historique, avec la plus scrupuleuse abnéga-
» tion d'invention. »

On devait s'attendre après cette déclaration, que dans cet ouvrage tout serait historique, tout serait vrai, noms et caractères des personnages mis en scène. Il est loin cependant d'en être ainsi, du moins pour *Jean-Charles* du Cauzé de Nazelle, qu'Eugène Sue nomme et qualifie « *Jérome* du Cauzé, sieur de Nazelles, avocat au parlement de Paris. »

A la lecture de l'ouvrage, le marquis actuel du Cauzé de Nazelle, éprouve un sentiment douloureux, à cause du caractère odieux prêté gratuitement à son trisaïeul paternel ; il trouve avec raison que le droit d'invention d'un écrivain doit avoir pour limite infranchissable, l'honneur des familles ; il adresse, comme on doit s'y attendre, sa réclamation à l'auteur.

Eugène Sue, désirant faire droit, autant qu'il dépend de lui, à la juste réclamation du marquis de Nazelle, donne loyalement toutes les explications et déclarations qu'il croit de nature à atteindre ce but, et s'engage à insérer une note à cet effet dans la prochaine édition de son roman de *Latréaumont*. Cependant une édition nouvelle a été faite huit ans après à Paris, par Paulin, éditeur, rue Richelieu, 60, cette édition, que j'ai sous les yeux, est sortie de la typographie Lacrampe et Cie, rue Damiette, 2, elle est de l'année 1846, par conséquent du vivant d'Eugène Sue, mort en 1857, et elle ne contient pas un mot des déclarations et de la note promises. L'oubli de cette promesse, fût-il involontaire comme je veux le croire, m'impose le devoir de faire connaître ces déclarations et la promesse de

cette note. Je ne saurais mieux atteindre ce but, qu'en publiant textuellement la réponse même d'Eugène Sue à M. de Nazelle. Cette réponse n'était
pas destinée à la publicité; mais Eugène Sue s'était engagé, comme on va
le voir, à la remplacer par une note reproduisant les mêmes déclarations,
et qu'il devait insérer dans la deuxième édition de *Latréaumont*, note atten-
due inutilement depuis trente ans, bien que la seconde édition ait été imprimée du vivant de l'auteur. On est dès lors obligé, pour l'honneur de la
famille du Cauzé de Nazelle, de faire connaître cette réponse d'Eugène
Sue.

« Château de Souesnes, 1er mars 1838.
« Monsieur,

« Lorsque vous me fîtes des réclamations au sujet du caractère que j'avais prêté
au personnage de M. de Nazelle, dans mon roman historique de *Latréaumont*, j'é-
prouvai un vif regret de voir que j'avais involontairement blessé une famille honorable, et je vous assure même que si j'avais su qu'un seul membre de cette famille existât, j'aurais écarté le document que l'histoire m'offrait.

» Aux regrets que j'ai eu l'honneur de vous exprimer, Monsieur, se joint le désir de faire droit à la réclamation que vous voulez bien m'adresser, autant du
moins que ma conscience d'écrivain me le permet, et j'espère que la déclaration
présente atteindra ce double but. Car, si elle ne contredit en rien le fait avancé
par moi, elle expose ainsi clairement que l'interprétation que j'avais donnée à ce
fait, en usant du droit accordé à l'écrivain, était entièrement romanesque.

» C'est donc un devoir pour moi, Monsieur, de vous déclarer formellement qu'à
part le fait de la révélation du complot par M. de Nazelle, fait consigné dans les
pièces originales du procès, *tout ce qui tient aux motifs que j'ai supposés avoir fait agir
M. de Nazelle, ainsi que les détails donnés sur son caractère et sa conduite privée sont
absolument romanesques*.

» Je pense même avec vous, Monsieur, qu'au lieu de peindre M. de Nazelle
poussé à la révélation de ce complot par une pensée de haine et de vengeance, il
eût peut-être été plus logique avec les mœurs du temps et sa position de gentilhomme de la Guyenne, que M. de Nazelle n'eût vu dans la révélation de ce complot qu'une manière honorable et noble de servir l'État et le roi en dévoilant un
complot qui avait pour but d'emmener l'étranger en France et de renverser le
trône du souverain.

» Mais, pour sortir des interprétations et revenir à la réalité, je me résumerai,
Monsieur, *en ayant l'honneur de vous affirmer* qu'à part le fait de la révélation, *aucune des particularités ni des intentions données par moi à la conduite de M. de Nazelle
n'a le moindre fondement historique*, et que, d'ailleurs, aucun des accusés n'a cité le
moindre fait à l'appui des motifs prêtés par moi à M. de Nazelle. *Je me ferai d'ailleurs un plaisir, Monsieur, d'insérer, dans la prochaine édition de cet ouvrage, une Note
explicative au sujet de votre réclamation* ET DANS UN SENS ABSOLUMENT SEMBLABLE
à celui de cette lettre confidentielle.

» Je serai bien heureux, Monsieur, si ces loyales et franches explications peu-
vent effacer les sentiments douloureux qu'une circonstance bien involontaire a pu

vous causer; car j'ai l'honneur de vous le répéter, Monsieur, tel important que
soit ce document, je l'aurais éloigné si j'avais pu penser que son apparution eût
pu vous causer le moindre désagrément. Veuillez agréer, Monsieur, avec mon bien
vif regret de tout ceci, l'assurance de ma plus haute considération.

                                              » EUGÈNE SUE.

» A ces rectifications, Monsieur, j'oubliais d'ajouter que M. de Nazelle n'était
pas avocat, mais qu'il était seulement étudiant chez Van den Enden pour achever
ses études, qu'il était un ancien gentilhomme de Guyenne et que, plus tard, il
servit dans les armées du roi. »

   (*L'original de cette lettre est conservé par le marquis du Cauzé de Nazelle, au château
de Guignicourt, département de l'Aisne.*)

Les déclarations contenues dans cette lettre sont absolument conformes
à ce que j'ai dit à l'article de Jean-Charles du Cauzé, écuyer, seigneur
de Nazelle (p. 13); elles devaient être insérées dans la deuxième édition du roman historique de Latréaumont, sous forme de note explicative
de la réclamation de la famille de Nazelle, et dans un sens absolument
semblable à celui de cette lettre. Eugène Sue a fait publier cette nouvelle
édition chez Paulin, en 1846, et n'y a pas inséré les déclarations ou la note
qu'il avait promises. C'est pour suppléer autant que possible à cet oubli
regrettable, que je publie la lettre contenant ces déclarations et la promesse de la note qui date de trente ans.

Hérard IV, marquis du Cauzé de Nazelle, avait épousé le 5 mars 1827,
CAROLINE-LOUISE DU PLEIX DE MÉZY, née le 24 août 1806, morte el
15 juillet 1863, fille de Charles Joseph René du Pleix de Mézy, conseiller
d'État, et d'Antoinette Gabrielle Véron.

Du Pleix porte : *écartelé, aux 1 et 4 d'azur, au chevron d'or, accompagné en chef de deux poissons affrontés en fasce d'argent, et en pointe
d'une étoile de même; aux 2 et 3 semé de carreaux d'or, chargés chacun
d'une étoile d'or.*

Il a de ce mariage deux fils et deux filles :

1° CHARLES-HÉRARD DU CAUZÉ DE NAZELLE, né à Paris le 24 janvier 1828, a pour
témoins de son acte de naissance Alexandre, marquis de Fresnes, écuyer du
roi, et Charles-René du Pleix de Mézy, conseiller d'État. Ce dernier, qui était
son grand-père maternel, le tint sur les fonds de baptême avec la marquise de
Guignicourt (autrement marquise de Nazelle), grand'mère paternelle.

Charles-Hérard entré à l'école militaire de Sain'-Cyr en 1847, sous-lieutenant
le 1er octobre 1849, sous-lieutenant au 2me dragons en 1851, lieutenant le 4 février 1854, capitaine le 24 mars 1859, démissionnaire le 22 octobre 1859, avait
épousé à Paris, le 24 mars 1859, Mademoiselle ANTOINETTE-EMILIE LELEU D'AU-

BILLY, fille de M. Charles-Antoine Leleu d'Aubilly, membre du Conseil général de la Marne, et de dame Euphrosine de Lamouriez.

Le nom de la comtesse du Cauzé de Nazelle signifie *celui qui a été élu;* il devrait être écrit *L'Eleu d'Aubilly,* avec une apostrophe et un E majuscule, c'est-à-dire avec la vieille orthographe. C'est ainsi que l'orthographiait un ancien colonel, M. L'Eleu de la Ville-aux-Bois, ami dévoué de ma famille et, sous le premier Empire, camarade d'école Polytechnique de l'un de nos oncles paternels.

Leleu d'Aubilly porte : *de gueules, au chevron d'or, accompagné de trois têtes de léopard de même.*

De ce mariage sont nés trois enfants :

A. HENRI-HÉRARD DU CAUZÉ DE NAZELLE, né à Paris le 19 novembre 1859, qui a pour témoins de son acte de naissance Aléxandre, comte de Chamisso, et M. de Bérouville, colonel d'artillerie; et pour parrain et marraine le marquis de Nazelle, son grand-père paternel, et Madame Leleu d'Aubilly, sa grand'mère maternelle;

B. FERDINAND-FRANÇOIS-HÉRARD DU CAUZÉ DE NAZELLE, né au château de Guignicourt (Aisne), le 4 septembre 1867. Les deux témoins qui signent son acte de naissance sont le marquis de Nazelle et M. Louis Marc de Mannoury de Croisilles;

C. MARIE-CHARLOTTE DU CAUZÉ DE NAZELLE, née au château de Guignicourt, le 27 février 1863, tenue sur les fonds baptismaux par M. Georges Leleu d'Aubilly et la marquise de Nazelle, sa grand'mère. Les témoins qui ont signé son acte de naissance sont le marquis de Nazelle et M. Ferdinand du Pleix de Mézy;

2º FRANÇOIS-HÉRARD DU CAUZÉ DE NAZELLE, né au château de Guignicourt le 2 juin 1837, a pour témoins de son acte de naissance Louis-Hérard-Victor du Cauzé, marquis de Guignicourt ou de Nazelle, son grand-père paternel, et le marquis de Fresne, et pour parrain et marraine le même marquis de Guignicourt et la comtesse de Mornay.

Entré à l'école militaire de Saint-Cyr en 1854, devient sous-lieutenant le 1er octobre 1856, passe aux cuirassiers de la garde impériale, lieutenant le 5 janvier 1865;

3º CAROLINE-VICTOIRE-MARIE DU CAUZÉ DE NAZELLE, née au château de Guignicourt, le 6 avril 1843, a pour témoins de son acte de naissance M. Louis Ferdinand du Pleix de Mézy, et Alexandre, comte de Chamisso. Elle épouse, le 5 août 1866, LOUIS-MARIE DE MANNOURY DE CROISILLES, fils d'Ernest-Adolphe de Mannoury de Croisilles et d'Henriette-Marguerite Coignard de Saint-André. Les témoins de ce mariage sont MM. Emmanuel de Mannoury de Croisilles, Charles-Hérard du Cauzé de Nazelle et François-Hérard du Cauzé de Nazelle.

De Mannoury de Croisilles porte : *d'argent, à 5 mouchetures d'hermine.*

De cette union :

HÉRARD-HENRI-FERDINAND DE MANNOURY DE CROISILLES, né à Saint-Germainen-Laye, le 1ᵉʳ mai 1867, tenu sur les fonts de baptême par Hérard IV, marquis du Cauzé de Nazelle, son grand-père maternel, et par Madame de Mannoury de Croisilles, sa grand'mère paternelle.

La famille de Mannoury est fort ancienne : Raoul de Mannoury, Emonet de Marville et Lambert de Laleu (de Alodio) sont nommés, avec Laurent du Bois-Rouvray et Isabelle, épouse de ce dernier, dans les lettres de l'official de Chartres, du mois d'août 1238 (*Cartulaire de Saint-Jean de Vallée*, fol. 33. — *Archives généalogiques et historiques de la Noblesse de France*, par M. Lainé, tome VII, *additions et corrections*, p. 55). — Guillaume de Mannoury du Tremblay, seigneur de Magny, et son épouse Magdeleine Stuart, d'une branche de la maison Royale d'Écosse, connue sous le nom d'Aubigny, marièrent leur fille Magdeleine de Mannoury, dame de Magny, par contrat reconnu à Orbec, le 1ᵉʳ juillet 1515, avec Olivier de Saint-Ouen, IIᵉ du nom, chevalier, seigneur de Tordouet (*Archives gén. et hist. de la noblesse de France*, par M. Lainé, t. III, article de *Saint-Ouen*, p. 7 et 8).

4° LOUISE-CHARLOTTE DU CAUZÉ DE NAZELLE, née le 6 avril 1843, au château de Guignicourt, sœur jumelle de Caroline-Victoire-Marie, qui précède, épouse, le 5 août 1865, MARIE-OLYMPE-FÉLIX-ALFRED, COMTE DE BALATHIER DE CONYGHAM, fils de Marie-Scipion-Joseph-Gabriel-François, comte de Balathier, et de dame Marie-Louise de Conygham. Les témoins de ce mariage sont Louis-Joseph-Edgard, baron d'Anglejean, Marie-Gabrielle d'Assier des Brosses, Charles-Hérard du Cauzé de Nazelle et François Hérard du Cauzé de Nazelle.

De Balathier porte : *de sable, à la fasce d'or.*

« Cette famille est originaire du Dauphiné. Elle est ancienne et bien alliée, » dit M. Lainé à la page 9 du *Nobiliaire de Champagne*, qu'il a inséré au tom. VI des *Archives gén. et hist. de la Noblesse de France*. Elle a été, ajoute le même auteur, maintenue dans sa noblesse en 1668, par M. de Caumartin, intendant de Champagne, avec filiation suivie depuis l'année 1508. Roger de Balathier, chevalier, baron de Villargoix, seigneur de Lantage, etc., épousa, par contrat du 6 décembre 1663, Bénigne de Torcy, fille de Michel de Torcy, chevalier, seigneur de Lantilly en Nivernais, et de Bénigne de Damas (*M. Lainé, cité*, tom. V, *Généalogie de Damas*). — A la même famille appartenait Henri Victor de Balathier, baron de Lantage, né le 10 décembre 1750, maréchal de camp le 22 septembre 1814, employé dans la 21ᵉ division militaire, en 1816, mis en retraite en 1817 (*Dictionnaire hist. et biogr. des Généraux Français*, par le chevalier de Courcelles, t. I, p. 282).

Résidence du marquis du Cauzé de Nazelle, le château de Guignicourt, canton de Neufchâtel, arrondissement de Laon (Aisne).

II

Branche du comte Philippe du Cauzé de Nazelle.

X. PHILIPPE-LOUIS-HÉRARD-VICTOR DU CAUZÉ, dit le chevalier, puis le COMTE DE NAZELLE, né dans les derniers mois de l'année 1762 ou les premiers de 1763, capitaine d'infanterie, chevalier de Saint-Louis et de la Légion d'honneur, est le cinquième fils de messire Louis-Charles-Victor du Cauzé, chevalier, seigneur de Nazelle, Balignac, Guignicourt, Neufchâtel, Menneville, Proviseux, Soudron, Courtison, etc., vicomte de Prouvais, premier marquis du Cauzé de Nazelle, et de dame Edmée-Catherine-Agathe de Lépine. Entré au service en 1776, sous-lieutenant en 1779, il était capitaine en 1790, au régiment du roi infanterie.

Le procès-verbal de l'assemblée de l'ordre de la noblesse du bailliage de Châlons-sur-Marne, pour l'élection des députés aux États-Généraux du royaume, porte au nombre des gentilshommes qui votèrent avec cet ordre, « Philippe-Louis-Hérard-Victor du Cauzé, chevalier de Nazelle, officier au régiment d'infanterie du roi. » Ce même procès-verbal constate, comme nous l'avons vu, que le marquis du Cauzé de Nazelle et le vicomte de Prouvais, père et second frère de cet officier, ont voté également avec la noblesse du même bailliage, le 13 mars 1789.

A la fin de l'année 1790, le régiment du roi infanterie fut supprimé; mais, par ordonnance datée de Paris, le 27 février 1791, signée LOUIS, contre-signée DU PORTAIL, le même Philippe de Nazelle fut nommé à une compagnie dans le 102ᵉ régiment d'infanterie, créé par loi du 5 janvier 1791, proclamée le 28 dudit mois. Cette ordonnance est adressée sous forme de lettre à M. d'Atilly, mestre de camp, commandant du 102ᵉ régiment d'infanterie. *(Original en papier signé par le roi, contre-signé par le ministre de la guerre, aux archives du marquis du Cauzé de Nazelle.)*

Trois mois plus tard, pour sa belle conduite, ce même capitaine de Nazelle reçut du ministre de la guerre et du souverain, des témoignages de satisfaction qui m'ont semblé mériter une place dans ce travail.

« A Paris, le 11 mai 1791.

» Je vous annonce avec plaisir, Monsieur, que, sur le compte que j'ai rendu au roi de la bonne conduite que vous avez tenue à Nancy lorsque M. de Noue, maréchal de camp, y a été maltraité par les soldats rebelles, des blessures que vous avez reçues dans cette malheureuse circonstance, et des dangers auxquels votre vie a été exposée, Sa Majesté a bien voulu vous accorder la croix de Saint-Louis. Les expéditions nécessaires pour vous conférer cette décoration seront faites incessamment.

» *Le Ministre de la guerre,*

» DU PORTAIL. »

« M. de Nazelle, capitaine au 102ᵉ régiment d'infanterie, à Vitry-le-Françóis. »

(*Original en papier aux archives* de Madame la vicomtesse de Raymond, née du Cauzé de Nazelle).

Les lettres patentes de chevalier de l'ordre militaire de Saint-Louis, dont parle le ministre de la guerre, sont datées de Paris le même jour 11 mai 1791, et ainsi formlées : «.... Étant bien aise de donner au sieur Philippe-
» Louis-Hérard-Victor de Nazelle, capitaine dans notre ci-devant régiment
» d'infanterie, des marques de distinction, tant en considération de ses
» services depuis quinze ans, que de la conduite distinguée qu'il a tenue à
» Nancy, et des blessures graves qu'il y a reçues, etc.... »

(*Original en parchemin signé* LOUIS, *contre-signé* DU PORTAIL, *aux archives* de la vicomtesse de Raymond, née du Cauzé de Nazelle.)

Philippe du Cauzé n'émigra point. Arrêté comme aristocrate à Villeneuve-Saint-Georges, le 6 frimaire an II de la république française (mardi 26 novembre 1793), il est écroué à Corbeil, et trois jours après à la prison des Récollets à Versailles, d'où il est élargi au mois de germinal suivant (1794).

Il épouse à Châlons, l'an III de la République, ÉMILIE-LOUISE DE PINTEVILLE, seconde fille de messire Pierre-Benoit de Pinteville, ancien capitaine de dragons, chevalier de Saint-Louis, et de dame Marie-Blanche Le Cler. La future épouse avait une sœur aînée Marguerite-Nicole de Pinteville, épouse de Louis-Marie de Maulgué d'Avrainville, que nous retrouverons, à propos des troubles de cette ville en 1815. — Originaires de Lorraine, où ils étaient seigneurs de Pinteville, qui est aujourd'hui l'une des communes du canton de Fresne-en-Woëvre, arrondissement de Verdun (Meuse), les auteurs d'Émilie-Louise de Pinteville s'établirent à Châlons-sur-Marne en Champagne, où ils furent seigneurs de Moncetz, de Vaugency et de Cernon.

Ils furent maintenus dans leur noblesse par arrêt de monsieur Le Fèvre de Caumartin, intendant de Champagne, rendu à Châlons, le 15 février 1670, comme on le voit dans le *procès-verbal de la recherche de la noblesse de Champagne, fait par Monsieur de Caumartin*, qui a été imprimé, arrêt dont j'ai sous les yeux une expédition authentique. J'ai sous les yeux également tous les titres produits à cette occasion, et, en particulier, l'original en parchemin d'un acte, daté du dimanche après la Fête-Dieu 1361, par lequel les Élus au gouvernement de la ville de Châlons, en Champagne, s'obligent envers Oudin de Villers et Henri de Pinteville, écuyers, du diocèse de Verdun, pour la somme de trois cents écus Joannes qu'ils leur doivent, sur le restant de plusieurs chevaux et équipages que lesdits Oudin de Villers et Henri de Pinteville avaient perdu l'an 1359, dans le temps où ils étaient au service de ladite ville. (*Orignal auquel est encore attachée la plus grande partie du sceau.*)

Ludovic de Pinteville, écuyer, seigneur de Pinteville susmentionné et de Revigny en Barrois, fils dudit Henri 1er de Pinteville et de Clémence de Villers, damoiselle, eut deux fils qui partagèrent la succession dudit Ludovic, le 19 janvier 1458, nommés Henri de Pinteville, écuyer, seigneur dudit lieu, y demeurant, et Colet de Pinteville, écuyer, seigneur de Revigny et de Moncetz, demeurant à Châlons (*grosse en parchemin*), duquel descend la comtesse Philippe du Cauzé de Nazelle, née de Pinteville.

Les armes de Pinteville sont, d'après M. de Caumartin : *d'argent, au sautoir de sable, chargé d'un lion d'or, brochant sur le tout, armé et lampassé de gueules.*

Lors du passage de la succession du marquis de Nazelle. Philippe du Cauzé, le plus jeune des cinq fils du marquis, reçut la terre patrimoniale de Nazelle en Condomois, terre qu'il aliéna le 16 germinal au XII (vendredi 6 avril 1804), en faveur « du citoyen François de Cours Toumazeau, domicilié à Castillonnnès. Le lieu de Nazelle appartenait au citoyen Ducauzé, pour lui être échu de la succession de Louis-Charles-Victor du Cauzé, et de dame Edmée-Catherine-Agathe de Lespine, ses père et mère, suivant partage et arrangement de famille, passé devant Petit, notaire à Châlons, en date du 27 mars 1792. » (*Note fournie par M. Henri Guenin, petit-fils de messire François de Cours de Thomazeau, et propriétaire actuel du château et de la terre de Nazelle*).

Par suite du partage de la succession de son frère l'abbé, le comte Philippe du Cauzé de Nazelle eut la terre et le château de Lépine, dont il fit sa résidence habituelle. Il devint veuf à Châlons, le 27 février 1810, et fut

créé chevalier de la Légion d'honneur, étant commandant de la garde nationale de Châlons, le 14 janvier 1815. Le 2 juillet de la même année, il
périt victime de son dévouement à ces concitoyens, et fut tué par un cosaque, sous les yeux des officiers russes. L'*Histoire de la ville de Châlons et
de ses monuments*, par Barbat, raconte le fait dans les termes suivants :

> «.... Des lanciers à cheval (Russes) montent jusque dans les bureaux de la
> mairie, envahissent tout l'Hôtel-de-Ville.
> » La fusillade continuait, l'ennemi tirait dans les croisées, enfonçait les portes
> et pillait ; le Maire, les adjoints et les membres du Conseil, pensant qu'ils devaient
> enfin faire des efforts pour arrêter ce désordre, quittèrent la prison, et, aperce-
> vant un officier russe sous le péristyle, ils s'adressèrent à lui en le priant de de-
> mander au général Czernischew, en leur nom, qu'il voulût bien épargner les ha-
> bitants et faire cesser le pillage. L'officier leur dit qu'avant tout il fallait faire
> disparaître le drapeau tricolore, qui flottait sur l'Hôtel-de-Ville. M. du Cauzé de
> Nazelle s'était avancé sur le perron et agitait son mouchoir blanc en signe de
> paix, lorsqu'un cosaque le frappa d'un coup de lance dont il mourut quelques
> heures après. » (p. 596.)

L'auteur ajoute en note au bas de la page :

> « Nous vîmes deux jeunes filles, Mademoiselle du Cauzé (aujourd'hui Madame
> Raymond) et Mademoiselle d'Avrainville (aujourd'hui Madame Tascher), aller au
> secours de M. du Cauzé, dont elles avaient appris la blessure, et courir seules au
> milieu de cette bagarre, quand l'ennemi furieux parcourait les rues, et que les
> balles sifflaient encore de toutes parts. » (*Idem.*)

L'acte mortuaire constate que ledit Philippe-Louis-Hérard-Victor du
Cauzé de Nazelle, chevalier de l'ordre royal et militaire de Saint-Louis et
de la Légion d'honneur, ancien capitaine au régiment du roi infanterie,
âgé de cinquante-deux ans et demi, natif de Châlons, y demeurant, rue
Saint-Nicaise, veuf de dame Émilie-Louise de Pinteville, est décédé le
2 juillet 1815, à dix heures du soir. Louis-Marie Maulgué d'Avrainville,
beau-frère du décédé, est l'un des témoins signés au registre.

La veille, 1er juillet, le premier boulet russe tiré sur la ville de Châlons,
était venu tomber sur la maison du même M. de Nazelle. « Par la route de
Suippes, dit l'histoire déjà citée, des cavaliers russes, avec deux pièces
d'artillerie, s'étant approchés de la porte Saint-Jacques, sommèrent la
ville de se rendre, et appuyèrent cette sommation d'un coup de canon,
dont le boulet alla frapper la façade de la maison de M. Ducauzé de Na-

zelle. Triste présage, ajoute l'auteur, M. Ducauzé fut une des victimes de cette journée. » (*Ouvrage cité*, p. 592.)

L'année suivante, la ville de Châlons voulut honorer la mémoire du comte Philippe du Cauzé de Nazelle, et fit célébrer solennellement à cet effet un service funèbre. La lettre d'invitation pour cette cérémonie, imprimée sur grand papier, encadrée de larges ornements de deuil, et sur montée des armes de la ville, est conçue en ces termes :

> » M
>
> » Le Maire de la ville de Châlons vous prie d'assister au service funèbre qui sera célébré solennellement, conformément au vœu du Conseil municipal, en l'église Notre-Dame, le mardi 2 juillet prochain (1816), à onze heures précises, pour le repos de l'âme de M. le comte du Cauzé de Nazelle, chevalier des ordres royaux de Saint-Louis et de la Légion d'honneur, membre dudit Conseil, frappé à mort (à ladite époque de 1815) d'un coup de lance, sur le perron l'Hôtel-de-Ville, quand, n'écoutant que son dévouement pour ses concitoyens, il cherchait, par ses supplications et au nom du roi, à calmer la fureur d'un corps d'armée russe qui s'était emparé de la ville.
>
> » REQUISCAT IN PACE. »

L'exemplaire de cette lettre que j'ai sous les yeux, est adressé « A Monsieur le vicomte de Raymond, sous-inspecteur aux revues de la 1re division militaire, rue Saint-Honoré, n° 290, à Paris. » Il porte le timbre de la ville de Châlons et de l'année 1816.

XI. EUPHROSINE DU CAUZÉ DE NAZELLE, née à Châlons-sur-Marne, le 13 nivôse an VI (lundi 2 janvier 1797), que nous venons de voir affronter les balles et les dangers d'une ville prise par l'ennemi, pour aller rendre les derniers devoirs à son père, frappé à mort, le 2 juillet 1815, est la fille unique du comte Philippe du Cauzé de Nazelle, et d'Émilie-Louise de Pinteville. Elle se marie au Mesnil-sur-Oger, canton d'Avèze, arrondissement d'Épernay (Marne), le 13 mai 1816, avec son cousin messire CÉLESTIN-FRANÇOIS-DE-PAULE-HIPPOLYTE VICOMTE DE RAYMOND, sous-inspecteur aux revues, chevalier de la Légion d'honneur, né dans la ville d'Agen, le 1er avril 1785, fils de défunt messire Jean-Joseph comte de Raymond, ancien maire d'Agen, et de dame Marie-Louise de Secondat. La future épouse agit du consentement et assistance de messire Pierre-Benoit de Pinteville, ancien capitaine de dragons, chevalier de l'ordre royal et militaire de Saint-Louis, son aïeul maternel et tuteur, et de dame Marie-

Blanche Le Cler, son aïeule maternelle; de M. Louis-Marie Maulgué d'A-vrainville, son oncle par alliance; de M. Charles de Chamisso.

De Raymond porte : *Écartelé, au 1 d'azur, à la croix alaisée d'argent, au 2 losangé d'or et d'azur; au 3 de gueules à la cloche d'argent; au 4 d'azur, à la sphère terrestre d'or, montée et cerclée de même. (Lettres patentes pour le titre de vicomte, 1822.)*

M. de Raymond fut créé vicomte avec transmissibilité du titre, par lettres patentes datées du 7 septembre 1822, signées LOUIS, et par le roi : COMTE DE PEYRONNET. Devenu intendant militaire, commandeur de la Légion d'honneur, chevalier de Saint-Louis, chevalier de l'ordre impérial de la Réunion, par décret du 25 septembre 1813, commandeur de l'ordre de Charles III d'Espagne et du Sauveur de Grèce, le vicomte Hippolyte de Raymond mourut à Paris, le 15 avril 1840.

Clémentine de Maulgué d'Avrainville, qui affrontait avec sa cousine germaine les balles ennemies, en apprenant l'assassinat du comte Philippe du Cauzé de Nazelle, a épousé Jean-Samuel-Ferdinand, comte de Tascher, pair de France, né le 29 décembre 1779, fils de Pierre-Jean-Alexandre, comte de Tascher, baron de Prouvais, sénateur sous le premier empire, officier de la Légion d'honneur, pair de France le 4 juin 1814. La comtesse de Tascher, aujourd'hui veuve comme sa cousine germaine, la vicomtesse de Raymond, a de son union une fille unique : Marie-Alexandrine de Tascher, mariée, le 24 mars 1843, à Don Ramon Maria Narvaez, duc de Valence, grand d'Espagne de première classe, maréchal des armées espagnoles, chevalier de la Toison d'or, ministre de la guerre, ancien ambassadeur, grand'croix des ordres royaux et militaires de Saint-Ferdinand, d'Hermenegild, Charles III, d'Isabelle la Catholique, chevalier profès de l'habit d'Alcantara, grand cordon de la Légion d'honneur, de Saint-Maurice et Lazare, de la Tour et Épée de Portugal, etc.; décédé à Madrid, le 22 avril 1868, étant président du Conseil des ministres de son pays.

La vicomtesse de Raymond, habite Paris, comme sa cousine et sa nièce la comtesse de Tascher et la duchesse de Valence. Elle a de son mariage un fils et deux filles :

1° EDMOND-FLORIMOND-LOUIS-HÉRARD, COMTE DE RAYMOND, né à Paris le 25 mars 1822, est vicomte du chef de son père et, depuis la mort du comte de Raymond, son oncle paternel, ancien conseiller général de Lot-et-Garonne et maire d'Agen, survenue le 2 avril 1863, il a été substitué au titre de comte par décret impérial du 30 mars 1864.

De concert avec ses deux sœurs, il a vendu, en 1850, le château et la terre de Lagarde situés dans la commune du Port-Sainte-Marie (Lot-et-Garonne), terre dont ses auteurs paternels et directs étaient propriétaires et seigneurs depuis le 28 mars 1628. Résidence : Paris.

2° LOUISE-MARIE-CLÉMENTINE DE RAYMOND, née à Paris, mariée : 1° le 27 juin 1842, avec HENRI AUBELIN DE VILLERS, capitaine du génie, mort le 15 février 1845; 2° en octobre 1851, avec CHARLES D'IVERNOIS.

Aubelin de Villers porte : *d'azur au chevron d'argent, accompagné en chef de deux étoiles d'or et en pointe d'une rencontre de cerf du même. (Procès-verbal de la noblesse de Champagne par M. de Caumartin.)*

D'Ivernois porte : *d'azur, au chevron d'or, accompagné en chef de 2 roses d'argent et en pointe d'un croissant du même.* Cimier, un croissant. Devise, *adversis major secundis.*

De la première union est née :

A. EUPHROSINE AUBELIN DE VILLERS, née à Paris en février 1844, mariée dans la même ville, le 2 juin 1863, au BARON CHARLES DE SECONDAT DE MONTES-QUIEU, fils aîné de Charles-Louis-Prosper de Secondat, baron de Montes-quieu, et de dame Marie-Louise de Piis.

De Secondat de Montesquieu porte : *d'azur, à la fasce d'or, accompagné en chef de deux coquilles d'or, et en pointe d'un chevron d'argent.*

Résidence : le château de Labrède (près Bordeaux), ancienne résidence du grand Montesquieu, l'auteur de l'*Esprit des Lois.*

Madame d'Ivernois a de sa seconde union :

B. RAOUL D'IVERNOIS, né à Paris le 23 juillet 1852 ;
C. MARIE D'IVERNOIS, née à Paris le 9 septembre 1855.

Résidence : Paris.

3° HIPPOLYTE DE RAYMOND, mariée le 9 mars 1843 à JULES-MARTIN DUFFOUR (frère de M. Lodi Duffour-Dubergier, ancien maire de Bordeaux, et de la baronne de Bastard-Saint-Denis), fils de noble Jean-Baptiste Duffour de Barthe, écuyer, et de dame Françoise Dubergier, et petit-fils de noble Martin Duffour, écuyer, seigneur d'Uch, du Bessan et de Géronville, mentionné avec ces qualités et repré-senté à l'assemblée de la noblesse de Bordeaux en 1789, par messire Guillaume Duffour, l'un des fils dudit seigneur du Bessan, d'Uch et de Géronville.

Madame Jules Duffour, née de Raymond, veuve depuis le 15 juin 1847, habite la terre du Thil près Bordeaux, commune de Léognan. Elle a de son mariage un fils unique :

GEORGES-MARTIN-FLORIMOND DUFFOUR, né à Paris le 2 mars 1844.

III

Branche des seigneurs de Lisle et de Maignas,

VIII. Messire CHARLES-LOUIS DU CAUZÉ DE NAZELLE, sieur de Lisle, troisième fils de messire Jean-Charles II du Cauzé, écuyer, seigneur de Nazelle, lieutenant de nos seigneurs les maréchaux de France, et de dame Louise Anceau (voir page 25), était capitaine au régiment royal infanterie, lorsqu'avec ladite dame sa mère, il tint sur les fonts baptismaux dans l'église cathédrale d'Agen, le 13 juillet 1716, son neveu Louis-Charles-Victor (créé marquis du Cauzé de Nazelle en 1753). Il fut parrain par délégation de messire Charles de Bezannes, vicomte de Prouvais, commissaire commandant de la noblesse de Picardie, aïeul maternel du baptisé. (*État civil de la paroisse Saint-Étienne d'Agen.*)

Il avait épousé MARIE DELPECH DE SANS.

La famille Delpech ou del Pech porte pour armes : *d'argent, au rocher de sable, au chef d'azur chargé d'un croissant d'argent, accosté de deux étoiles d'or.* (*Armorial général manuscrit, registre Guienne,* Bordeaux, 29 novembre 1697.) — Elle a donné des magistrats au sénéchal et présidial d'Agenais, plusieurs conseillers au parlement de Bordeaux, un maître des requêtes, etc.

Ledit Charles-Louis est mort le 6 août 1766, laissant de son mariage avec dame Marie Delpech de Sans, trois fils et quatre filles :

1° Noble ARNAUD-HÉRARD-VICTOR DU CAUZÉ DE NAZELLE, baptisé dans l'église de Dunes en Condomois, le 20 février 1735, a pour parrain Arnaud Delpech de Sans, et pour marraine dame Catherine-Claire-Julie de Bezannes de Prouvais, représentée par Mademoiselle de Sans. Noble Hérard du Cauzé, seigneur de Nazelle, vicomte de Prouvais, capitaine de cavalerie, lieutenant de nos seigneurs les maréchaux de France (époux de la marraine, oncle paternel du baptisé), et le sieur Michel Desparpailhoit, assistent à cette cérémonie. (*État civil de Dunes.*)

2° Noble ARMAND-HÉRARD-VICTOR DU CAUZÉ DE NAZELLE, baptisé à l'église de Dunes, le 7 novembre 1738, est qualifié garde du corps de la compagnie de Noailles, réformé, dans un brevet de pension donné à Versailles le 1er janvier 1781, signé LOUIS, contre-signé SÉGUR (*Original en parchemin aux archives de Madame de Termes, née du Cauzé de Nazelle, à Marmande*). Cette pension était la réduction de la pension payable sur le trésor royal, accordée en considération des services rendus à l'État par les ancêtres dudit garde du corps.

Il était capitaine d'invalides et chevalier de Saint-Louis, comme le prouve un contrat d'échange, passé le 23 juillet 1775, au lieu de Cazaux, juridiction de Miradoux, reçu par M° Deauze, notaire royal de Dunes, entre messire Jean du Gout, écuyer, habitant dudit lieu, et messire Victor-Hérard du Cauzé de Nazelle, écuyer, chevalier de l'ordre royal et militaire de Saint-Louis, capitaine d'invalides, habitant de la ville de Dunes, en présence de M. Thomas de Bourran, écuyer, habitant de Sistels, et Joseph Pradelle, bourgeois, habitant de Dunes, signés au contrat avec Deauze, notaire royal.

La lettre suivante de messire Léonard-Joseph de Mons, marquis de Dunes, prouve qu'il avait un banc dans l'église :

« A Monsieur de Nazelle, écuyer, chevalier de Saint-Louis, à Dunes.

» Ce sera toujours avec un nouveau plaisir, Monsieur, que je saisirai les occasions de vous rendre service. Je consens à ce que vous aiès un banc à l'église de Sainte-Magdeleine de Dunes ; je n'ai pas présent à l'esprit la distribution de cette église, mais je m'en rapporte à vous pour le placer dans un lieu que vous croirès convenable.

» Je suis avec l'attachement aussi sincère que respectueux,

» Monsieur,

» Votre très-humble et très-obéissant serviteur.

» DE MONS, MARQUIS DE DUNES.

» Au château de Couffins, le 16 septembre 1772. » *(Original.)*

3° Charles-Louis-Victor, qui suit :

4° Demoiselle LOUISE DU CAUZÉ DE NAZELLE DE LISLE, née le 23 juin 1731. Dame Louise Anceau de Nazelle, veuve de messire Jean-Charles du Cauzé de Nazelle, habitante du couvent de Notre-Dame-de-Paulin dans la ville d'Agen, fait don et donation entre vifs à jamais irrévocable de la somme de deux mille livres, par acte passé le 22 octobre 1737, dans le parloir des religieuses, en faveur de ladite demoiselle Louise du Cauzé de Lille, sa petite-fille et filleule, habitante du même couvent, fille aînée de sieur Charles-Louis du Cauzé de Lisle, qui accepte la donation pour sa dite fille. Cet acte, retenu par un notaire de Dunes, a été contrôlé et insinué au bureau de Dunes, le 26 octobre 1737, puis lu et publié en jugement, le 9 janvier 1738, en l'audience de la cour de la sénéchaussée d'Agenais, par devant messire Jean de Redon, conseiller du roi, lieutenant général en icelle, et enregistré sur le registre des insinuations dudit siége d'Agen.

La même Louise du Cauzé de Lisle, mariée à noble FRANÇOIS-LOUIS DE LAGAUZIE DE LAFLAMBELLE, garde du corps du roi, était veuve avant le 25 novembre 1790, date du mariage de noble Julien de Lagauzie de Laflambelle, leur fils, avec Marie du Cauzé de Balignac.

De Lagauzie, en Armagnac, maintenus le 17 février 1698, depuis l'année 1555, par Sanson, intendant de Montauban, porte : *de sable, à une houlette d'argent,* (*Lainé, Nobiliaire de Montauban,* tom. X, p. 41.)

5° Demoiselle THÉRÈSE-LOUISE DU CAUZÉ DE NAZELLE DE LISLE, dite Thérésette, née le 24 août 1733, qui devait recevoir une somme de mille livres des héritiers de Charles-Louis-Victor, marquis du Cauzé de Nazelle, lieutenant des maréchaux de France, chevalier de Saint-Louis, gouverneur de la ville de Châlons, etc., son cousin germain, si elle n'était point mariée lors du décès de ce dernier. Elle mourut le 19 septembre 1791, étant veuve de J. JACQUES LAGOBIE.

6° Demoiselle ANTOINETTE-LOUISE DU CAUZÉ DE NAZELLE DE LISLE, née le 27 janvier 1737;

7° Demoiselle MAGDELEINE DU CAUZÉ DE NAZELLE DE LISLE, épouse, le 14 février 1776, noble ARMAND-VICTOR DU CAUZÉ DE LASSERRE DE BALIGNAC, son cousin issu de germain, fils de messire Jean-Louis du Cauzé de Balignac, seigneur du Cluset et d'Andiran, et de dame Julienne-Gilette de Bourran de Sistels.

Les armes du Cauzé de Nazelle et de Balignac, sont : *d'or, au lion de sinople, lampassé et armé de gueules, à la fasce de sable chargée de trois molettes d'éperon d'or brochante sur le tout.*

IX. Messire CHARLES-LOUIS-VICTOR DU CAUZÉ DE NAZELLE DE LISLE, II° du nom, écuyer, seigneur de Maignas, chevalier de Saint-Louis, colonel de cavalerie, sous-lieutenant des gardes du corps du roi, compagnie Écossaise, né à Dunes, le 28 juillet 1740, a pour parrain messire Louis-Charles-Victor du Cauzé, I°ʳ du nom, seigneur de Nazelle, vicomte de Prouvais, etc., créé marquis du Cauzé de Nazelle en 1753, son cousin germain. Il fournit son dénombrement de la directe et fief de Maignas, situés dans le territoire de Caudecoste, le 18 septembre 1759. (*Le Trésor de Pau,* par Gustave Bascle de Lagrèze, p. 199.)

Garde du corps du roi à la compagnie Écossaise, le 30 septembre 1762, capitaine de cavalerie, le 1°ʳ avril 1778, chevalier de Saint-Louis, le 29 septembre 1789, réformé en exécution du décret du 12 septembre 1791, admis à la compagnie Écossaise organisée en mai 1814, il fut breveté colonel de cavalerie et retraité dans ce grade le 29 juin 1814. (*Extrait de ses états de services.*)

Il donne quittance, le 7 mars 1792, de la somme de mille livres qui lui avait été verbalement léguée par le marquis du Cauzé de Nazelle, son cousin germain et son parrain, et qui lui fut payée au nom de Philippe du Cauzé de Nazelle, cinquième fils dudit marquis, et signe : NAZELLE CADET DE LILE. (*Original faisant partie de mes archives. J.* DE BOURROUSSE DE LAFFORE.)

Son contrat de mariage, passé à Casteljaloux en Albret, devant M° Dupouy, notaire royal, le 28 octobre 1782, est rédigé dans les termes suivants :

> «..... Furent présents messire Charles-Louis-Victor du Cauzé de Nazelles, écuyer, garde du corps du roy, et capitaine de cavalerie, fils légitime de feu messire Charles-Louis du Cauzé de Nazelles, écuyer, ancien capitaine d'infanterie, et de dame Marie Delpech Dessans, habitant de la ville de Dunes en Condomois, d'une part ;
> » Et demoiselle JEANNE BROSTARET DE LA BARTHE, fille légitime de sieur François Brostaret de La Barthe, jurat de Casteljaloux, et de feue demoiselle Catherine Dubourg, habitante audit Casteljaloux, d'autre part. »

Le futur époux est assisté de messire Antoine de Salat, prêtre et curé de la paroisse de Sénestis, et de sieur Jean Duniagou de Beau-Séjour, seigneur de Labordette, ancien officier de Dragons, habitant de la ville du Mas d'Agenais. La future épouse, majeure de vingt-cinq ans, agit du consentement et assistance dudit sieur Brostaret de La Barthe, son père, de M. Jean Brostaret de La Barthe, son frère, etc. — Parmi les sommes données à la future épouse se trouve celle de mille livres, qui lui a été léguée par feu messire Étienne de Brostaret, chevalier de Saint-Louis, son parrain. Ce contrat est passé dans la maison dudit sieur de Brostaret, en présence de M. Jean Samazeuilh, juge de la juridiction de La Bastide, habitant de Casteljaloux, et de sieur Jean de Loume, secrétaire de M. le Grand-Maître des Eaux et Forêts de Guienne, signés avec les parties contractantes et Dupouy, notaire royal. (*Expédition appartenant à Madame Rochin, née de Gauran, petite-fille desdits époux.*)

La famille de Madame de Nazelle a donné des officiers, un magistrat et un député. Un Brostaret était sous-lieutenant au régiment de M. le comte de Labrangerie, en 1674; un autre nommé Pierre, substitut du Procureur du roi, au siége de Casteljaloux, était mort avant le 19 décembre 1718, date d'une quittance fournie par Marguerite du Castaing, sa veuve; Étienne Brostaret, officier au régiment de Clermont-Prince et chevalier de Saint-Louis, mourut à Casteljaloux, le 15 mai 1769, âgé de 88 ans. Enfin, Jean-Baptiste Brostaret de La Barthe, père de Madame du Cauzé de Nazelle, né à Casteljaloux en 1755, avocat en Parlement, fut député aux États généraux du royaume, en 1789, pour le tiers-état des sénéchaussées de Nérac et de Casteljaloux, puis, accusateur public auprès du tribunal de justice criminelle du département de Lot-et-Garonne, fonctions dans lesquelles « son courage civil sauva Agen du contre-coup des massacres de septembre, et se revêtait des formes les plus douces et de l'éloquence la plus aimable. » Incarcéré dans la maison de réclusion de Lectoure, le 9 thermidor le rendit à la liberté, et ses concitoyens l'envoyèrent, en [1795, en qualité de député, au Conseil des anciens, où il fut élu l'un des secrétaires, le 22 novembre 1797. (*Biographie de l'arrondissement de Nérac*, par M. J.-F. Samazeuilh.)

Charles-Louis-Victor du Cauzé de Nazelle fut colonel de cavalerie et sous-lieutenant des gardes du corps du roi, compagnie Écossaise, comme le prouve la lettre suivante, qui lui fut adressée du ministère de la guerre :

« Paris, le 30 juin 1814.

» Monsieur,

» J'ai l'honneur de vous informer que, sur la proposition de M. le duc d'Havré et de Croy..... et après compte rendu au roi de vos services, Sa Majesté vous a accordé, par décision du 29 juin 1814, une solde de retraite de deux mille quatre cents francs.

» Je viens d'autoriser le commissaire ordinaire de la 20ᵉ division militaire à vous faire payer dans votre département, à compter du 29 juin 1814, si votre traitement d'activité a effectivement cessé à cette époque.

» Agréez, Monsieur, l'assurance de ma considération.

» *Le Ministre secrétaire d'État de la guerre.*

» Pour son Excellence et par son ordre,

» *Le sous-inspecteur aux revues, chef de la 5ᵉ division au ministère,*

» GOULHOT.

» A M. DE NAZELLE DU CAUZÉ (Charles-Louis-Victor), colonel de cavalerie, sous-lieutenant dans les gardes du corps du roi, compagnie Écossaise, retiré à Dunes, département de Lot-et-Garonne. »

(*Original aux archives de Madame de Termes, née du Cauzé de Nazelle.*)

Du mariage du colonel du Cauzé de Nazelle et de Jeanne (Judith) Brostaret de La Barthe, naquirent :

1° François, dont l'article suit ;

2° Demoiselle MARIE-CLOTIDE DU CAUZÉ DE NAZELLE, née le 23 janvier 1785, épouse, le 23 février 1808, BERNARD, chevalier DE GAURAN, et meurt à Dunes en 1868, laissant trois filles de son mariage. L'une d'elles, Anne-Adeline de Gauran, veuve de M. Joseph-Jean-Baptiste Rochin, procureur impérial à Villefranche d'Aveyron (dont elle a une fille, Charlotte, mariée avec M. Henri de Rouget), a fourni diverses pièces pour ce travail.

X. Messire FRANÇOIS DU CAUZÉ DE NAZELLE, IIIe du nom, né à Bouglon en 1786, lieutenant de dragons, assiste à la bataille d'Austerlitz; sert comme officier dans la garde royale, se marie, le 8 janvier 1817, avec demoiselle CHARLOTTE-ALEXANDRINE-ÉLIZABETH DE ROSSANE, fille de messire Pierre de Rossane et de dame Élizabeth d'Estut de Solminiac (cette dernière de la famille de MM. d'Estut de Solminiac, sires marquis de Tombebœuf en Agenais).

Les armes de Rossane sont : *d'argent à deux chevrons de gueules renversés.*

François III du Cauzé de Nazelle meurt à Marmande, le 21 janvier 1861, âgé de 75 ans, ayant eu de son mariage, un fils mort à l'âge de 20 ans, et une fille, qui suit :

XI. Dame JEANNE-MARIE-URSULE-HORTENSE DU CAUZÉ DE NAZELLE, la dernière de sa branche, héritière, le 27 avril 1849, de son oncle Suzanne-Alfred de Rossane, et, en 1857, de sa tante demoiselle Anaïs de Rossane, s'était mariée, le 23 mai 1840, avec M. JEAN-JOSEPH TERMES ou DE TERMES, dont elle a eu cinq enfants :

1º FRANÇOIS-ADHÉMAR DE TERMES, mort le 18 novembre 1865, âgé de 24 ans;

2º FERNAND DE TERMES;

3º NATHALIE DE TERMES, mariée, le 9 septembre 1865, avec M. LÉON DE GÉRANDO, ingénieur de la Marine Impériale, fils du baron de Gérando, procureur général à la Cour impériale de Metz;

4º NOÉMI DE TERMES, mariée, le 15 novembre 1866, avec M. ABEL DE TARTAS MÉLIGNAN, fils de M. Aristée de Tartas, et de dame N. d'Arodes de Bellegarde (et neveu d'Émile de Tartas, général de division, commandeur de la légion d'honneur, et du comte de Mélignan de Trignan, dont il a été l'héritier).

(RÉSIDENCE, *le château de Trignan, près Mézin, Lot-et-Garonne.*)

5º VALENTINE DE TERMES.

(RÉSIDENCE, *Virazel, près Marmande, Lot-et-Garonne.*)

IV

Branche des seigneurs de Balignac, du Cluzet et d'Andiran,
ÉTEINTE

VII. Noble JOSEPH DU CAUZÉ, IIe du nom, écuyer, seigneur de Balignac et du Cluzet, est le deuxième fils de noble Hérard Ier du Cauzé, écuyer,
seigneur de Nazelle, et de dame Marie de Mellet de Fondelin (*voir page 12*).
Il dut naître vers 1650, puisque Jean-Charles II, son frère aîné, qui a continué les seigneurs de Nazelle et devint lieutenant des maréchaux de
France, fut baptisé en 1647. Balignac est situé dans la commune de Caudecoste. La paroisse du Cluzet (dont Joseph du Cauzé était seigneur), les
paroisses de Dunes, de Sislets et de Saint-Sixte composaient, à elles quatre, le territoire du marquisat de Dunes. A 500 ou 600 mètres de l'ancienne
habitation seigneuriale du Cluzet, se voient encore, sur une hauteur, les
ruines d'un couvent, qu'on dit avoir appartenu aux Templiers.

Le même Joseph du Cauzé, écuyer, sieur de Balignac, et noble Antoine
du Cauzé, sieur de Las Barthes, son frère, sont institués héritiers universels de leur oncle paternel, noble Jean-Charles I du Cauzé, écuyer, sieur de
Lisle et du chef de son épouse seigneur de Castelvieil en Albret, par testament du 21 novembre 1692, ouvert l'année suivante à la requête de noble
Jeanne-Antoinette de La Brunetière, dame de Castelvieil, veuve dudit
sieur de Lisle (*voir page 10*).

Sur le point d'entrer en procès, noble Joseph du Cauzé, écuyer, seigneur
de Balignac, et noble Hérard II du Cauzé, écuyer, seigneur de Nazelle,
capitaine de cavalerie au régiment de Bellefont, oncle et neveu, se réunis-
sent, le 7 février 1707, dans le palais épiscopal d'Agen, où, par la médiation
de messire François Hébert, conseiller du roi en tous ses conseils, évêque
et comte d'Agen, et de l'avis de messires Gaspard de Gautier, seigneur de
Savignac,   de Pellegrue, seigneur de Montagudet, et Jules-
César de Lescale de Vérone pour ledit seigneur de Balignac; et de messires Sébastien de Redon et Gratien de Raymond, seigneur de Lagarde, pour
ledit seigneur de Nazelle; ils nomment pour leurs arbitres arbitrateurs et
amiables compositeurs Mes Barthélemi Monnin et Paul Oudinot, avocats en
Parlement, pour juger tous leurs différends et contestations, sans rien
excepter ni réserver, en quoi qu'ils puissent consister. En cas de partage

entre lesdits sieurs arbitres, ils nomment pour tiers-arbitre messire Claude de Barbier, seigneur de La Serre et de La Salle Goulens, conseiller du roi en la cour des Aydes et Finances de Guienne. Ils remettent toutes les pièces dont ils entendent se servir, afin que la sentence arbitrale soit rendue dans le délai d'un mois ; renoncent à toutes formalités de justice, promettent d'exécuter le jugement qui sera rendu, comme si c'était un arrêt du Parlement, à peine de mille livres de dédit ; se soumettent à la justice de nos seigneurs les maréchaux de France ou de leurs lieutenants, conviennent que Mᵉ Raymond Mathieu, notaire royal d'Agen, remplira les fonctions de greffier, et signent : BALIGNAC DU CAUZÉ, DU CAUZÉ DE NAZELLE. (*Billet d'honneur inséré à la suite de la sentence.*)

Hérard du Cauzé procède au nom et comme héritier au bénéfice d'inventaire de noble Jean-Charles du Cauzé, écuyer, seigneur de Nazelle, son père, et ce dernier comme donateur contractuel et créancier de feu noble Hérard I du Cauzé, seigneur de Nazelle, son père.

Le seigneur de Balignac agit également comme donataire contractuel et créancier dudit Hérard I du Cauzé son père et d'héritier de dame Marie de Mellet, sa mère.

Les parties produisent la plupart des actes qui ont été analysés, depuis le mariage de noble Jean-François du Cauzé, écuyer, seigneur de Nazelle, avec noble Anne de Redon, aïeul et aïeule du seigneur de Balignac, bisaïeul et bisaïeule d'Hérard II du Cauzé, capitaine de cavalerie. Les arbitres rendent leur sentence le 4 mars 1707, et signent : BARBIER DE LASSERRE, arbitre-tiers ; MONNIN, arbitre ; OUDINOT, arbitre ; et MATHIEU, notaire royal. (*Expédition authentique du billet d'honneur et de ladite sentence. Archives de la comtesse Marie de Raymond, Agen.*)

Le 4 du mois d'août 1709, M. Mᵉ Adrien-Laurent de Laborde, prêtre, docteur en théologie et prieur de Valprionde, procédant comme procureur fondé de noble Hérard du Cauzé, capitaine de cavalerie au régiment de Bellefont (en vertu de la procuration donnée par ce dernier, le 2 juillet 1709 devant Mᵉ Duquenoy, notaire royal de la ville de Tournay), et noble Joseph du Cauzé, écuyer, seigneur de Balignac, ramènent à exécution la sentence arbitrale rendue par Mᵉˢ Barthélemi Monnin et Paul Oudinot, avocats, et messire Claude de Barbier, seigneur de La Serre et de La Salle Goulens, conseiller du roi en la cour des Aides et Finances de Guienne. Cet acte passé dans la ville d'Agen, en présence de témoins, devant Mᵉ Mathieu, notaire royal de ladite ville, est signé : LAURENT DE LA-

BORDE, BALIGNAC DU CAUZÉ, FRANÇOIS, évêque et comte d'Agen, MOLINARD, MAZAC et MATHIEU, notaire royal. (*Grosse en parchemin aux archives de Raymond.*)

Le même Joseph du Cauzé, seigneur de Balignac, avait épousé, le 20 décembre 1700, par contrat retenu par Deauze, notaire royal, demoiselle GABRIELLE DE GAULÉJAC DE TOUFFAILLES, appartenant à l'une des familles les plus anciennes de la province, et dont la filiation connue remonte au moyen âge.

De Gauléjac porte : *parti d'argent et de gueules.*

Le 29 décembre 1714, messire André de La Chabanne, marquis de Dunes et ladite dame Gabrielle de Gauléjac furent parrain et marraine d'André Labatut, en présence de messire Joseph du Cauzé de Balignac, époux de la marraine, et de sieur Jean d'Anglade, président à la Cour présidiale de Condom (*État civil de Dunes*).

Gabrielle de Gauléjac de Touffailles devint veuve, le 12 novembre 1731, et mourut le 11 mars 1739, ayant eu de son mariage quatre fils et quatre filles :

1º HÉRARD V, qui a continué la postérité;

2º JEAN-LOUIS, dont l'article suivra celui d'Hérard V, son frère aîné;

3º Noble ANTOINE III DU CAUZÉ DE GAULÉJAC, né le 29 septembre 1706, tenu sur les fonds baptismaux par noble Antoine du Cauzé, sieur de Las Barthes, et par dame Anne de Bourran, mort le 27 avril 1738. Marié avec demoiselle JEANNE-FALACHON, il eut de cette union une fille unique, née posthume :

> Demoiselle MARIE II DU CAUZÉ DE GAULÉJAC, née le 31 mai 1738, mariée, le 24 novembre 1772, à noble JEAN-BAPTISTE CIBOT DE VIGNES, fils de feu noble Pierre Cibot de Vignes, et de dame Anne Amade;

4º JOSEPH III DU CAUZÉ DE BALIGNAC, né le 23 décembre 1708;

5º Demoiselle RENÉE I DU CAUZÉ DE BALIGNAC, née le 21 décembre 1709;

6º Demoiselle URSULE DU CAUZÉ DE BALIGNAC, née le 7 avril 1712;

7º Demoiselle MARIE-FRANÇOISE DU CAUZÉ DE BALIGNAC, née le 19 octobre 1713;

8º Demoiselle MARIE-URSULE DU CAUZÉ DE BALIGNAC, née à Dunes comme ses frères et sœurs, le 21 novembre 1715, épouse, par contrat passé le 10 septembre 1751, dans le château d'Agre, paroisse Saint-Martial, juridiction d'Auvillars, noble JEAN DE CAUMONT, écuyer, seigneur de la Tour d'Agre, ancien capitaine d'infanterie dans le régiment de Beauvoisis, chevalier de Saint-Louis, fils aîné de feu noble Jean de Caumont, écuyer, seigneur d'Agre, et de défunte dame Suzanne de Gautié de Savignac. La future épouse est assistée de noble Jean-

Louis du Cauzé de Balignac, seigneur du Cluzet, son frère. Le futur époux fait don et donation à sa future épouse de l'usufruit de tous ses biens, meubles et immeubles, présents et à venir. (*Grosse en parchemin, signée Salse, notaire royal, faisant partie de mes archives. J. DE BOURROUSSE DE LAFFORE.*)

Le même Jean du Caumont, seigneur de La Tour d'Agre, auquel on donne une origine commune avec les maisons ducales de Caumont La Force et de Caumont Lauzun, fait son testament, le 5 août 1758, devant Salse, notaire royal; il confirme la donation de l'usufruit de tous ses biens en faveur de dame Marie-Ursule du Cauzé de Balignac, son épouse, institue pour son légataire universel noble Pierre-Bernard de Gironde, fils de noble Jean de Gironde Castelsagrat, habitant de la ville d'Auvillars, et substitue demoiselles Françoise-Marguerite et Marie de Gironde, par ordre de primogéniture, à leur frère Pierre-Bernard. (*Grosse en parchemin dans mes archives. J. DE BOURROUSSE DE LAFFORE.*)

Mme de Caumont, née du Cauzé de Balignac, devint veuve, le 12 octobre de la même année 1758 (*État civil de Donzac et de son annexe, Saint-Martial*), et eut, en 1765, un long procès (de concert avec M. de Gironde Castelsagrat, chevalier, agissant au nom de son fils Pierre-Bernard), avec dame Marie-Élizabeth d'Auzac, veuve de messire Jean-Pierre-Claude-Jules de Cambefort, écuyer, seigneur de Lamothe Bézat, ancien mousquetaire du roi dans la première compagnie, habitante du château de Lamothe Bézat, près d'Agen. Messire Jean de Caumont, seigneur de La Tour d'Agre, époux de Marie-Ursule du Cauzé de Balignac, et mort âgé de quatre-vingts ans, avait épousé en premières noces, le 19 février 1726, Agnès-Françoise de Cambefort de Lamothe Bézat, fille de feu noble Pierre de Cambefort, et de dame Jeanne-Françoise Ives de Saint-Prest; laquelle Agnès-Françoise de Cambefort, n'ayant point d'enfant de son union, fit son testament le 16 septembre 1750, et institua pour l'un de ses légataires son frère aîné, époux de ladite dame Marie-Élizabeth d'Auzac. C'est à raison de ce legs que le procès eut lieu avec Mme de Caumont, veuve dudit seigneur de La Tour d'Agre. (*Dossier relatif à ce procès, faisant partie de mes archives. J. DE BOURROUSSE DE LAFFORE*).

VIII. Noble HÉRARD DU CAUZÉ DE BALIGNAC, V^e du nom, connu sous le nom de M. du Cauzé, fils aîné de noble Joseph II du Cauzé, écuyer, seigneur de Balignac et du Cluzet, et de dame Gabrielle de Gauléjac de Touffailles, épouse, le 12 novembre 1731, demoiselle ANNE DECAMP, fille du sieur François Decamp, ancien maire de Dunes, et de demoiselle Anne Delbosc. Il a eu de cette union, un fils et une fille :

1° FRANÇOIS IV du Cauzé, qui suit;

2° Demoiselle GABRIELLE I DU CAUZÉ DE NAZELLE DE BALIGNAC, mariée, par contrat du 15 novembre 1763, avec PIERRE DE NOGUÈRES, sieur de Pauquet, officier d'infanterie, né le 1er avril 1726, fils de Me Pierre de Noguères, conseiller du roi, juge royal de Puymirol, et de dame Jeanne-Françoise de Sabaros de Lamothe. Cette Gabrielle du Cauzé de Balignac était née le 31 juillet 1732 (*État civil de Dunes*).

Les armes de Noguères sont : *d'argent, au noyer de sinople.* C'est ainsi que Jean-de Noguères, écuyer, sieur de Saint-Martin, les fit inscrire à Bordeaux le 21 février 1698, pour l'*Armorial général* manuscrit, registre Guienne ; et que les MM. de Noguères, juges royaux de Puymirol les portaient.

Marie de Noguères, née le 13 janvier 1773, l'un des six enfants provenus de ce mariage, a eu pour petit-fils M. Émile Deauze, maire actuel de Dunes, habitant le domaine de Pauquet près de ladite ville, et qui a, d'après les actes de l'État civil de Dunes, fourni presque tous les renseignements relatifs à la branche de Balignac, dont il descend par sa bisaïeule maternelle.

IX. Messire FRANÇOIS DU CAUZÉ, IVe du nom, écuyer, né le 27 mai 1736, fut marié avec demoiselle FRANÇOISE DE GAÜN D'AIGUILLON DE MONDON, de la même famille que messire Félix de Gaün, chevalier, sieur d'Aiguillon, garde du corps du roi, et messire Louis de Gaün, chevalier, sieur de Mondon, qui, le 30 août 1767, de concert avec messire Léonard de Mengin, chevalier, sieur de Salabert, ancien brigadier des gardes du corps du roi, chevalier de Saint-Louis, et messire Jacques de Courrent, chevalier, sieur du Parq, certifièrent que Guillaume de Barciet, sieur de La Busquette, était gentilhomme, etc. (Le certificat donné et signé par ces quatre gentilshommes, tous qualifiés chevaliers, est en original dans les archives de M. Henri de Barciet de La Busquette, au château de La Busquette, commune de Sainte-Mère (Gers).

La famille de Gaün d'Aiguillon porte : *d'or, à 3 merlettes de   , au chef de gueules chargé de 3 étoiles d'argent.*

François IV du Cauzé et Françoise d'Aiguillon laissèrent de leur mariage :

1º Hérard, qui suit ;

2º Demoiselle MARIE-ANNE DU CAUZÉ, née le 30 mars 1767, épouse, le 15 novembre 1790, JULIEN DE LAGAUZIE DE LA FLAMBELLE, garde du corps du roi, fils de feu noble François-Louis de Lagauzie de la Flambelle, ancien garde du corps du roi, et de dame Louise du Cauzé de Nazelle de Lisle.

De Lagauzie porte : *de sable, à une houlette d'argent.* (*Lainé cité, tom. 10, nobiliaire de Montauban,* p. 41.)

X. Noble HÉRARD DU CAUZÉ, VIe du nom, écuyer, né le 4 octobre 1770 (*État civil de Dunes*), ne laissa pas de postérité. Avec lui finit le premier rameau de la branche de Balignac.

VIII. Messire JEAN-LOUIS DU CAUZÉ DE BALIGNAC, Ier du nom, écuyer, seigneur du Cluzet et d'Andiran, second fils de noble Joseph II du Cauzé, seigneur de Balignac et du Cluzet, et de dame Gabrielle de Gauléjac de Touffailles (voir p. 58), est né après l'année 1701 et avant 1706. Héritier de son père, il épousa, le 12 juillet 1735, demoiselle JULIENNE-GILETTE DE BOURRAN DE SISTELS, fille de feu noble François II de Bourran, écuyer, seigneur de la paroisse de Sistels (aujourd'hui commune du canton d'Avillars), et de dame Marie-Luce de Caussines, dame de Brauval, en présence de noble Blaise de Lagauzie La Roque, et de noble Antoine de Redon de Laval (*État civil de Dunes*). La future épouse devrait donc se trouver mentionnée à la page 389 du tome III du *Nobiliaire de Guienne et de Gascogne;* mais elle n'était pas nommée dans les titres qui furent mis à ma disposition pour la rédaction de la généalogie de Bourran. Elle était petite-fille de messire François I de Bourran, écuyer, sieur du Bourg, et de dame Jeanne de Raymond de Folmont, dame de Sistels; elle était enfin cousine germaine de messire François V de Bourran, chevalier, sous-lieutenant ou lieutenant des gardes du corps du roi (1784).

Les MM. de Bourran, de la branche de Sistels portaient : *d'argent, à l'aigle à deux têtes et au vol abaissé de sable;* et pour brisure, *3 étoiles de sable au-dessus de l'aigle.*

La famille de Bourran devrait porter le nom et les armes de Scorraille (*d'azur, à trois bandes d'or*). Elle descend en effet directement, légitimement et de père en fils, de messire Almaric de Scorraille, chevalier, seigneur de Bourran près Rodez, au nom duquel son fils noble Guillaume de Scorraille, damoiseau, fit hommage du fief de Bourran (*feudum francum, nobile et honoratum*), le 14 novembre 1463, à Jean V, comte d'Armagnac, de Rodez, etc. Ce Guillaume de Scorraille, damoiseau en 1463, devint seigneur de Bourran après la mort de son père, et laissa plusieurs fils, entre autres :

1° Jean de Scorraille (père de François de Scorraille, seigneur de Bourran, lequel assistait en 1530 au contrat de mariage de Guillaume de Bourran, chevalier, son cousin germain);

2° Bernard de Scorraille (dont le fils Guillaume de Bourran, chevalier, se mariait en 1530, et fut assisté à son contrat de mariage par le seigneur de Bourran, son cousin germain, demeurant dans son château en Rouergue).

Noble Guillaume de Bourran, écuyer et chevalier (marié en Agenais, en 1530, auteur de toutes les branches de Bourran, et par conséquent de Madame du Cauzé de Balignac), était donc le fils de Bernard de Scorraille, l'un des petits-fils dudit noble Guillaume de Scorraille, damoiseau, et l'arrière-petit-fils de messire Almaric de Scorraille, chevalier, seigneur de Bourran ; il était assisté à son contrat de mariage, le 25 mai 1530, de noble François de Scorraille, seigneur de Bourran, son cousin germain. Le futur époux ne porte pas dans ce contrat son nom patronymique (de Scorraille) et ne prend que le nom du principal fief de sa branche (de Bourran). Ses descendants ont suivi son exemple, ce que je regarde comme une faute grave, parce que le nom de Scorraille, qui est le leur, est plus ancien et plus illustre que celui de Bourran. (*Nobiliaire de Guienne et de Gascogne*, tome III, p. 377 à 379 et 384.)

Jean-Louis du Cauzé, seigneur de Balignac (oncle à la mode de Bretagne du premier marquis du Cauzé de Nazelle), avait dans ses archives, en 1769, le contrat de mariage d'Antoine du Cauzé et de damoiselle N... du Bois, ses trisaïeul et trisaïeule paternels. (*Voir aux pages* 5, 6 et 7.) Il est mort le 22 janvier 1778 (*État civil de Dunes*), ayant eu quatre fils et quatre filles de son mariage avec Julienne-Gilette de Bourran :

1° PIERRE-THOMAS DU CAUZÉ DE BALIGNAC, né le 11 avril 1737 ;

2° CHARLES III DU CAUZÉ DE BALIGNAC, né le 13 décembre 1739 ;

3° JEAN-LOUIS II, qui suit ;

4° Noble ARMAND-VICTOR DU CAUZÉ LASSERRE DE BALIGNAC, né le 9 juin 1742, épouse, le 14 février 1776, demoiselle MAGDELEINE DU CAUZÉ DE NAZELLE, fille de noble Charles-Louis du Cauzé de Nazelle, sieur de Lisle, ancien capitaine d'infanterie, et de dame Marie Delpech de Sans : Les époux étaient issus de cousins germains et eurent de leur union :

    a. JEAN-LOUIS III DU CAUZÉ LASSERRE DE BALIGNAC, né le 22 mai 1780 ;

    b. GEORGES DU CAUZÉ LASSERRE DE BALIGNAC, né le 11 juillet 1783 ;

    c. JEANNE-ÉMILIE DU CAUZÉ LASSERRE DE BALIGNAC, née le 9 janvier 1777, mariée avec M. JOSEPH-FRANÇOIS DEAUZE ;

    d. JEANNE-ANGÉLIQUE DU CAUZÉ LASSERRE DE BALIGNAC, née le 23 avril 1778, morte le 11 juin 1779.

5° Demoiselle MARIE III DU CAUZÉ DE BALIGNAC, née le 9 mai 1738, est dite, dans son acte de baptême, fille de noble Jean-Louis du Cauzé, sieur de Balignac, seigneur du fief du Cluzet et Andiran, et de Julienne de Bourran (*État civil de Dunes*).

6° Demoiselle GABRIELLE II DU CAUZÉ DE BALIGNAC, née le 4 février 1742, mariée à noble PIERRE DE LAGAUZIE DE LAFLAMBELLE. On trouve que la dame Gabrielle-Ursule du Cauzé de Balignac, qui est peut-être la même que Gabrielle, mourut le 4 novembre 1770;

De Lagauzie porte : *de sable, à une houlette d'argent.*

7° Demoiselle RENÉE II DU CAUZÉ DE BALIGNAC, née le 4 décembre 1743;

8° Demoiselle CHRISTINE-ANGÉLIQUE I DU CAUZÉ DE BALIGNAC, née le 3 décembre 1744, a pour parrain messire Jean-Paul Le Blanc de Mauvesin, et pour marraine dame Christine-Angélique de La Chabanne. Elle épouse, le 14 janvier 1771, M. JEAN CASSAIGNE DE TUQUOIRE (*État civil de Dunes*).

IX. Messire JEAN-LOUIS DU CAUZÉ DE BALIGNAC, II° du nom, écuyer, seigneur d'Andiran, né le 5 mai 1741, épouse demoiselle CATHE-RINE DE GABIOLE, dont la famille avait, dans les actes publics, les qualifications de noble, de messire et d'écuyer, et possédait le domaine ou la terre de Saint-Martin près de Dunes et de Flamarens.

Le seigneur d'Andiran et Catherine de Gabiole eurent de leur union :

1° Jean-Louis-François-Athanase, qui suit;

2° Demoiselle THÉRÈSE DU CAUZÉ DE BALIGNAC, née le 18 juillet 1775;

3° Demoiselle MARIE-MAGDELEINE DU CAUZÉ DE BALIGNAC, née le 8 octobre 1776;

4° Demoiselle CHRISTINE-ANGÉLIQUE II DU CAUZÉ DE BALIGNAC, née le 29 mai 1779.

Les extraits de naissance de ces trois dernières constatent qu'elles sont filles de messire Jean-Louis du Cauzé de Balignac et de dame Catherine de Gabiolle (*État civil de Dunes*).

X. Messire JEAN-LOUIS-FRANÇOIS-ATHANASE DU CAUZÉ DE BALIGNAC, est dit fils de messire Jean-Louis du Cauzé de Balignac, seigneur d'Andiran, et de dame de Gabiole, dans son extrait de naissance, daté du 6 janvier 1783 (*État civil de Dunes*).

LETTRES PATENTES

Pour l'érection du Marquisat du Cauzé de Nazelle
(Août 1735.)

LOUIS, par la grace de Dieu, roy de France et de Navarre, à tous présens et à venir, salut :

Notre cher et bien amé Louis-Charles-Victor du Cauzé de Nazelle, vicomte de Prouvay, seigneur de la vicomté et Châtellenie de Neufchâtel, Guignicourt, Nazelle, Poullandon et autres lieux, ancien capitaine de dragons au régiment de Caraman, et lieutenant de nos cousins les maréchaux de France dans la province de Guienne, chevalier de notre ordre royal et militaire de Saint-Louis, nous a fait représenter qu'il possède en toute justice haute, moyenne et basse, la terre et seigneurie de Neufchâtel, située sur la rivière d'Aisne, mouvante et relevante en plein fief de la tour de Laon ; ensemble les terres et seigneuries de Pignicourt, Menneville et Proviseux, desquelles relèvent les terres et fiefs de Sevigny, Lor, La Malmaison, Aguilcour, Evergnicourt, le Grand et le Petit Menancourt, La Bricogne, Merlet, Hupignicourt, Coq-en-Rue, Bord-aux-Bois, Bouy, Pleinon, Magnivilé, Robert-Champs, Frontigny, Les Trembleaux et la fosse du moulin de Guignicourt ; et que ces terres sont d'une grande étendue et d'un revenu assez considérable pour porter le titre, nom et dignité de marquisat, s'il nous plaisait lui accorder nos lettres d'érection sur ce nécessaires, sous la dénomination de *Marquisat du Cauzé de Nazelle.*

« Mettant d'ailleurs en considération l'ancienneté de la noblesse dudit sieur exposant, dont la famille est une des plus illustres de notre province de Guienne ; et les services considérables que lui et ses ancêtres nous ont rendus et à l'État depuis près de trois siècles ;

» Nous avons été informés que, dès l'an 1480, noble Charles du Cauzé fut tué dans les guerres de Louis XI contre Maximilien ;

» Que François du Cauzé, son fils, qui servoit sous François Ier, fut fait prisonnier en 1525 à la bataille de Pavie, en combattant sous les yeux du roy ;

» Que Charles du Cauzé, un de ses enfans, capitaine d'une compagnie de chevau-légers, fu tué au siège de Montauban ;

» Et François du Cauzé, son autre fils, qui commandoit une compagnie d'infanterie, donna au même siège de si grandes marques de valeur que le roy Henry III le combla de bienfaits ;

» Que Jean-François du Cauzé de Nazelle, fils dudit François, servit avec distinction sous les rois Henri IV et Louis XIII, lequel eut de son mariage avec la Dlle de Redon, un fils nommé Hérard du Cauzé de Nazelle, qui eut de son mariage avec Marie de Mellet de Saint-Orens :

» Jean-Charles du Cauzé de Nazelle, ayeul de l'exposant, lequel après avoir servi en qualité de lieutenant dans le régiment de Montégut, et ensuite en qualité d'officier dans les gardes du corps du feu roy notre très-honoré seigneur et bisayeul, rendit à l'État un service des plus importants, ayant découvert en 1674, la conspiration du chevalier de Rohan; pour récompense duquel service le feu roy lui accorda une pension héréditaire de mille livres. Il fut ensuite employé dans diverses négociations, et lors de la création des charges de lieutenant de nos cousins les maréchaux de France, le Roy lui en donna une dans la province de Guienne;

» Que ledit Jean-Charles du Cauzé de Nazelle eut quatre enfans, entre lesquels la pension fut partagée, savoir : Hérard du Cauzé de Nazelle, père de l'exposant; le chevalier de Nazelle, mousquetaire qui fut emporté d'un boulet de canon à la bataille de Malplaquet; le sieur du Cauzé de Lisle nommé le chevalier de Nazelle, ancien capitaine d'infanterie dans Royal; et un quatrième qui mourut au service ;

» Que Hérard du Cauzé de Nazelle, père de l'exposant, qui étoit capitaine de cavalerie dans Ruffec, chevalier de Saint-Louis et lieutenant des maréchaux de France, jouissant de la moitié de la pension de son père, outre les particulières qu'il avait méritées par ses services, eut de Catherine-Claire-Julie de Bezanne, fille de Charles de Bezanne, vicomte de Prouvay, commissaire de la noblesse de Picardie,

» Louis-Charles-Victor du Cauzé de Nazelle, vicomte de Prouvay, exposant, lequel après avoir été douze ans mousquetaire, fut ensuite capitaine de dragons dans le régiment de Vibraye, depuis Caraman, et chevalier de Saint-Louis, et il a servi dans toutes les guerres de 1734, de 1735 et pendant le cours de la dernière guerre, ne s'étant retiré qu'après la paix, et ayant mérité, outre sa pension de retraite, une pension particulière de la cour au siège de Bergoopzom.

» Et voulant donner audit sieur exposant des marques honorables de la satisfaction que nous avons de ses services et de ceux de sa famille ;

» A ces causes et pour autres considérations à ce nous mouvant, nous avons joint, uni, annexé et incorporé, et par ces présentes, signées de notre main, joignons, unissons, incorporons, annexons lesdites terres et seigneuries de Neufchâtel, Menneville, Pignicourt et Proviseux, avec tous les fiefs, droits et revenus qui les composent, circonstances et dépendances, pour ne composer à l'avenir qu'une seule et même terre et seigneurie, laquelle nous avons, de notre grace spéciale, pleine puissance et autorité royale, créé, érigé, élevé et décoré, créons, érigeons, élevons et décorons par ces présentes, en nom, titre, dignité et prééminence de MARQUISAT DU CAUZÉ DE NAZELLE, pour en jouir par ledit sieur du Cauzé de Nazelle. ses enfans, postérité et descendans, nés et à naître en légitime mariage, audit nom, titre et dignité de marquisat. Voulons et nous plait qu'il puisse se dire et qualifier marquis du Cauzé de Nazelle en tous actes, tant en jugement que dehors, et qu'en cette qualité il jouisse de pareils honneurs, droits d'armes, blason, autorité, prérogative, prééminence, en fait de guerre, assemblée d'États de noblesse et autrement, tout ainsi que les autres marquis de notre royaume, encore qu'ils ne soient pas si particulièrement exprimés; et que tous les vassaux, arrière-vassaux, justiciables et autres, tenant noblement ou en roture dudit marquis du Cauzé de Nazelle, le reconnaissent pour tel, faisans leurs foys et hommages et baillent leurs aveux et dénombrements le cas y échéant, sous cedit nom et titre de *marquis du Cauzé de Nazelle,* sans toutefois que pour ladite érection de marquisat et changement de nom, il y ait aucun changement de mouvance, et que ledit marquis soit tenu envers nous, ni ses vassaux, arrière-vassaux et tenanciers envers lui, à d'autres ni plus grands droits que ceux qu'ils doivent à présent.

» Voulons pareillement que les officiers exerçant la justice dans ladite terre et marquisat du Cauzé de Nazelle intitulent leurs sentences et jugemens sous ledit nom et titre de marquis du Cauzé de Nazelle, sans aucune multiplicité de degrés, changemens de ressort, ni contraventions aux cas royaux, dont la connoissance appartient à nos baillis et sénéchaux, et sans qu'à défaut d'enfans mâles nés en légitime mariage, nous puissions, ni nos successeurs Roys, prétendre la réunion dudit marquisat à notre domaine en vertu de l'ordonnance du mois de juillet 1566, et autres sur ce intervenus, auxquelles nous avons dérogé et dérogeons par ces mêmes présentes, pour ce regard seulement.

» Donnons en mandement à nos amés et féaux conseillers, les gens tenant Parlement, chambre des Comptes, cour des Aydes, présidens trésoriers de France, généraux de nos finances à Soissons, et tous autres nos officiers et justiciers qu'il appartiendra, que ces présentes nos lettres d'érection ils aient à faire enrégistrer et du contenu en icelles jouir et user ledit sieur exposant, pleinement, paisiblement et perpétuellement, cessant et faisant cesser tous troubles et empêchemens contraires, et nonobstant tous Édits, ordonnances, coutumes, arrêts et règlemens à ce contraires, auxquels ensemble ceux dérogatoires y contenus, nous avons dérogé et dérogeons, car tel est notre plaisir. Et afin que ce soit chose ferme et stable à toujours, nous avons fait mettre notre scel à ces dites présentes.

» Donné à Compiègne au mois d'aoust, l'an de grace mil sept cent cinquante-trois et de notre règne le trente-huitième.

Signé : » LOUIS.

Et sur le reply : Par le Roy

ROUILLÉ

Visa

MACHAULT

Pour érection en marquisat sous nom de Nazelle, à Charles-Louis-Victor du Cauzé.

(Original en parchemin aux archives d'Hérard, marquis du Cauzé de Nazelle, au château de Guignicourt, département de l'Aisne.)

Ces lettres patentes furent ensuite revêtues de toutes les formalités légales, et insinuées au bureau des insinuations de Neufchâtel, le 13 novembre 1753.

NOTE DE LA PAGE 22

Sur Louise-Anne de Sarrau, marquise de Villars.

(On peut, à l'aide de cette note, rectifier les erreurs publiées sur cette dame par bien des auteurs.)

Née vers l'an 1640, Louise-Anne de Sarrau ne portait que le dernier de ses prénoms dans les actes publics ou sous seing privé relatifs aux partages de famille. Elle était fille de noble Jean de Sarrau, écuyer, seigneur de Brie et de Boinet en la juridiction royale de Montflanquin en Agenais, conseiller grand secrétaire du roi, et de dame Élisabeth Bazin, seconde femme de ce dernier.

Elle avait trente-cinq ou quarante ans de moins que ses demi-frères Jean de Sarrau, chevalier, seigneur de Brie, comte de Hombourg, gouverneur de Sierk, et Claude Ier de Sarrau, écuyer, seigneur de Boinet, successivement conseiller au parlement de Normandie en 1627, au parlement de Paris en 1639, marié le 17 avril 1630, l'un des savants les plus distingués du dix-septième siècle, supplié par Christine, reine de Suède, d'être son correspondant, mort le 30 mai 1651. Le seigneur de Brie, comte de Hombourg, et Claude *le savant*, étaient nés d'un premier mariage contracté le 15 décembre 1600.

« A dix-sept ans, dit un biographe contemporain, Louise-Anne de Sarrau passait à bon droit pour une des personnes les plus parfaitement accomplies de la province ; sa beauté était réellement très-peu commune, son esprit supérieur, résolu et singulier en tout, ses vertus solides, et sa grâce enchanteresse. »

Anne de Sarrau avait épousé, à l'âge de dix-huit ans, messire François de Quievremont, chevalier, seigneur de Hendreville, Boudeville, Belleville, La Saucelle, etc., gentilhomme de la baronnie de Châteauneuf en Thimerais, mort des suites d'un duel, laissant à sa jeune et belle veuve, entre autres choses, la seigneurie de Hendreville et la seigneurie de Boudeville, que nous trouverons avec le titre de marquisat.

Pendant ce premier veuvage d'Anne de Sarrau, la terre et seigneurie patrimoniale de Boinet, près Montflanquin en Agenais, était encore indivise entre les enfants de noble Jean de Sarrau, écuyer, seigneur de Brie et dudit Boinet, conseiller grand secrétaire du roi. — Voulant mettre fin à cette indivision, messire Jean Sarrau, chevalier, seigneur de Brie (l'aîné des fils), faisant pour lui et pour dame Anne Sarrau de Hendreville, sa sœur (la plus jeune des filles dudit grand secrétaire), donne le 20 octobre 1663, à Isaac de Sarrau, écuyer, leur neveu, fils aîné de Claude *le Savant,* procuration pour partager et vendre ladite terre de Boinet et ses dépendances, et signe : SARRAU DE BRIE. *(Original aux archives de la famille de Sarrau.)*

Au dos de l'original de cette procuration notariée, Anne de Sarrau, dame de Hendreville, étant audit Hendreville le 4 décembre 1663, écrit de sa main son acquiescement et promet d'approuver et de ratifier les engagements pris par messire Jean Sarrau, chevalier, seigneur de Brie, son frère, à l'égard d'Isaac de Sarrau, écuyer, leur neveu. Mais cette belle et ravissante veuve, âgée d'environ vingt-trois ans, ne peut, même dans les affaires sérieuses, se résigner à se dire *la tante* d'Isaac de Sarrau, qui a dix ans de plus

qu'elle, et entraînée naturellement par une capricieuse et innocente coquetterie fémi-
nine, elle donne à ce *neveu* le titre de *cousin,* sans se préoccuper de créer une difficulté
de plus aux généalogistes *(Original aux archives de la famille, comme il vient d'être dit,*
signé : ANNE SARRAU HENDREVILLE).

Six mois plus tard, c'est-à-dire en juillet 1664, Louise-Anne de Sarrau, dame de
Boudeville et Hendreville, épouse en secondes noces, messire François-Gustave de Malortie, chevalier, seigneur de Villars, Villiers, Montebourg, Heudebourg, Mesnil-Néry, et
Prestol en Normandie *(contrat passé devant Claude Caré, tabellion à Rouen,* et en présence
de Jacques de Piedesac, sieur de Parville).

Nouvelle difficulté pour les personnes qui ont à parler de Madame de Hendreville devenue Madame de Villars. Faut-il dire Madame de Villars ou Madame de Villiers ? Bien
des auteurs ont soulevé cette question sans la résoudre, et se sont bornés à citer des
chroniqueurs ou des historiens qui ne sont pas d'accord à cet égard. — Ayant à parler
de cette dame, j'ai tenu à ne pas suivre leur exemple. J'ai cherché avec soin et trouvé
la vérité dans les titres authentiques et contemporains que j'ai demandés à cet effet à
M. Henri de Sarrau, chef actuel de sa famille et résidant à Bordeaux.

Constatons d'abord que le second mari d'Anne de Sarrau était seigneur de Villars, et
appelé M. de Villars.

« Du samedi trentiesme jour de janvier mil six cens soixante et six, au Pont de
l'Arche, devant tabellions royaux dudit lieu, soubzsignés :

» S'est présenté Claude Sarrau, escuyer, sieur de Boinet, de présent en cette ville,
lequel a recognu avoir receu la somme de dix-sept cens soixante-dix-sept livres
quatorze sols, de messire François de Malortie, *seigneur de Villars,* pour demeurer
quitte de pareille somme qui luy estoit deue par dame Anne Sarrau, au précédent
veuve de feu messire François de Quievremont, chevalier, seigneur de Hendreville
et autres terres, à présent sa femme, par les mains de Me Guy Mesmyn, sieur de
Bréviarde, auquel il a donné quittance au dos de la saisye faicté par luy de la ditte
somme, en date du septiesme septembre mil six cens soixante et cinq. La ditte
quittance cy devant donnée audit Mesmyn, et la présente ne vaille que pour une
seule et mesme quittance ;

» Et ce suivant la sentence rendue à Évreux le vingtiesme juin mil six cens
soixante et cinq, entre les dits *sieurs de Villars* et Sarrau ; lesquels *sieurs de Villars* et
Mesmyn luy ont dit et déclaré que ladite somme de dix sept cens soixante et dix-
sept livres quatorze sols provenoit des deniers de la vente de la moityé de la terre
de Boinet, que Isaac Sarrau, escuyer, seigneur de Boinet, son frère, auroit payée
audit sieur de Brie et la *ditte dame de Villars.* Dont de tout ce que dessus acte a esté
accordé aux dittes partyes pour leur valloir et servir ce qu'il appartiendra ; présence
de Jean Petit et Armand Lescaudé, du Pont de l'Arche, tesmoins.

SARRAU.   PETIT.   LESCAUDÉ.

DE BATHENCOURT.   MORISET.

(Original faisant partie des archives de M. Henri de Sarrau.)

Cet acte offre tous les caractères d'authenticité et de certitude que l'on peut désirer
pour être fixé sur le nom de Villars ; il est du 30 janvier 1666, c'est-à-dire contemporain,
passé devant deux tabellions royaux et deux témoins, tous de la ville du Pont de l'Arche, en Normandie, a été fait en exécution d'une sentence rendue dans la ville d'Évreux
le 20 juin 1665 ; le nom des parties est donc parfaitement connu, et c'est l'original de

cette quittance que j'ai sous les yeux. Anne de Sarrau était mariée avec le seigneur de Villars, elle était donc Madame de Villars.

Elle devint veuve pour la seconde fois, après un petit nombre d'années de mariage; entra plus tard dans la conspiration du chevalier de Rohan, par dévouement pour Guillaume du Chesne de Saint-Marc, chevalier de Préaux, qu'elle allait épouser, et fut comme eux décapitée sur la place de la Bastille, le 27 novembre 1674. — Elle laissa de sa seconde union, entre autres enfants, un fils dont je vais analyser le contrat de mariage. Cet acte nous fixera sur le nom de Villiers.

Messire Jacques-Gustave de Malortie, chevalier, seigneur de Bouteville (ou Boudeville), *de Villiers,* de Montebourg, d'Heudebourg, de Mesnil-Néry et de Prestol en Normandie, premier capitaine de dragons dans le régiment d'Aurai, assisté de son oncle maternel messire Jean de Sarrau, chevalier, seigneur de Brie, comte de Hombourg près Metz, gouverneur de Sierk, se marie le 12 novembre 1691, avec demoiselle Marie-Thérèse Brisacier, fille de feu Nicolas Brisacier, comte de Hombourg, vivant gouverneur de Sierk, et de dame Nicole-Françoise de Montbis, veuve dudit Brisacier, et lors femme dudit sieur de Brie. M. de Malortie est assisté de messire Charles de Thirial d'Espagne, chevalier, gouverneur de Thionville, et du sieur François Foës, chanoine de l'église de Metz. — Les sieur et dame de Brie assurent à la dame Marie Brisacier la somme de 3,000 livres de rente pour sa dot sur les appointements dudit gouverneur de Sierk; et en cas qu'ils voulussent se retirer d'avec les futurs époux, à cause de leur grand âge, ils leur céderaient ladite terre et seigneurie de Hombourg; ils déclarent que ce serait à la condition qu'ils se réserveraient sur cette terre la somme de 20,000 livres et une pension de 1,500 livres. — Le sieur de Malortie déclare que ses biens consistent, entre autres choses, en *la terre et seigneurie de Villiers, qui avait appartenu à son ayeul paternel,* et qui est affermée 2,500 livres, et en la terre et seigneurie de Bouteville, qui lui est échue du côté maternel, et qui est affermée 4,500 livres. Ce contrat est passé au château de Hombourg devant Mamil, notaire à Metz.

Ainsi M. de Sarrau, comte de Hombourg, mariait le fils de sa sœur, avec la fille de sa femme la comtesse de Hombourg.

Ce contrat de mariage prouve que les Malortie étaient seigneurs de Villiers, comme nous les avons vus seigneurs de Villars. Anne de Sarrau, étant l'épouse du seigneur de Villars et de Villiers, pouvait donc être nommée Madame de Villars ou Madame de Villiers; mais il paraît que dans la famille de Malortie on portait de préférence ou plus habituellement le nom de Villars. Si Jacques-Gustave de Malortie, fils de cette dame de Villars, déclare en 1691, dans son contrat de mariage, posséder la seigneurie de Villiers qui avait appartenu à son ayeul paternel, et ne se qualifie pas seigneur de Villars, c'est qu'à cette date, par suite d'arrangements de famille, la seigneurie de Villars était entre les mains de son oncle paternel, dont il fut héritier six ans plus tard, comme nous l'apprend le titre suivant :

« Extrait des Registres du parlement.

» Entre messire Jacques-Gustave de Malortie, chevalier, *marquis de Boudeville,* lieutenant colonel du régiment de dragons d'Uvarray (ou d'Auvray), soy disant héritier de messire Gabriel de Malortie, chevalier, *seigneur de Villars, son oncle,* demandeur en requeste par luy présentée à la cour le vingt-neuf novembre dernier (1696), d'une part;

» Et Claude Sarrau, escuyer, sieur de Favières, créancier d'Anne Sarrau, espouse en premières nopces de messire François de Quievremont, seigneur de Hendreville, et en secondes nopces de messire François-Gustave de Malortie, *sieur de Villars,* et autres noms ès qualitez qu'il procède deffendeur et demandeur en requeste, du quatre du présent mois de février, d'autre part. Duplessis pour Sarrau, ouy.

» LA COUR a appointé et appointe les parties en droit à escrire et produire dans trente jours et joint au procès principal d'entre le dit Sarrau d'une part et Robert Cosson ès noms sur l'appel interjetté par ledit Sarrau de la sentence du Chastelet de Paris, du deux juin mil six cens soixante-dix-sept conclu (ou rendu) par arrêt du (?) janvier dernier pour leur estre sur le tout conjointement faict droit, ainsy que de raison. — Fait en parlement le six février mil six cens quatre vingt dix-sept.

                                                    Collationné

                    BERTHELOS.

(Expédition authentique sur parchemin, aux archives de M. Henri de Sarrau, à Bordeaux.)

Ainsi, François-Gustave de Malortie était qualifié seigneur de Villars en 1666, et son frère, Gabriel de Malortie, mort sans postérité en 1697, avait la même qualification de seigneur de Villars. Leur père commun possédait les seigneuries de Villars et de Villiers qu'ils possédèrent après lui. Mais dans leur famille on portait de préférence le nom de Villars. — D'un autre côté, Anne de Sarrau, dame de Villars, possédait et transmit entre autres choses, la terre de Boudeville à son fils Jacques-Gustave de Malortie, que l'on voit qualifié *marquis de Boudeville* et lieutenant-colonel en 1697. C'est probablement parce qu'elle possédait ce marquisat de Boudeville, qu'Anne de Sarrau, dame de Villars, est nommée la marquise de Villars par les historiens et les chroniqueurs contemporains. On peut remarquer cependant que Jacques-Gustave de Malortie, qualifié marquis de Boudeville dans l'arrêt du Parlement de 1697, se dit seulement seigneur de Boudeville, Villiers, etc., etc., dans son contrat de mariage de l'an 1691.

DE MALORTIE a pour armes : *d'azur, au chevron d'or, accompagné de trois fers de flèche renversés d'argent.* Normandie. — Cette famille appartenait à la noblesse au quinzième siècle, et occupait déjà des postes importants.

Le tableau suivant fait connaître le grand-père, le père, les demi-frères, les neveux, les oncles, les cousins, etc., de Louise-Anne de Sarrau, dame de Hendreville et du marquisat de Boudeville, puis dame de Villars. Il indique également le fils aîné, les petit-fils, etc., de ladite marquise de Villars.

JEAN DE SARRAU, seigneur de Boinet, Gibel, etc., épouse, le 24 février 1570, Marie de Béchon; est anobli, le 4 avril 1614, après avoir servi pendant trente-cinq ans dans les armées royales, et teste en 1621 et 1626. Il a cinq fils, entre autres :

JEAN DE SARRAU, seigneur de Boinet, Brie, etc., conseiller, grand secrétaire du roi, épouse : 1° Le 15 décembre 1600, Catherine-Antoinette-Vallot, dont il a Jean et Claude Ier; 2° Le 8 janvier 1632, Élizabeth Bazin, dont il n'a que Louise-Anne.

JACQUES, auteur des seigneurs de Gibel.

JACOB I, né en 1580, épouse Éléonore de Timbrune de Valence, le 8 octobre 1646.

a. — CLAUDE Ier, seigneur de Boinet, le Savant, conseiller au Parlement, marié en 1630, mort le 30 mai 1651.

a. — JEAN, l'aîné, seigneur de Brie, comte de Hombourg, gouverneur de Sierk.

b. — LOUISE-ANNE, épouse : 1° Le seigneur de Hendreville; 2° Le seigneur de Villars. Elle est de la conspiration du chevalier de Rohan; morte en 1674.

JACOB II, seigneur de La Cassaigne, capitaine, épouse, le 12 juillet 1643, Constance-Marie de Godailh, dame d'Arasse, et meurt en 1673.

ISAAC, seigneur de Boinet, né le 12 octobre 1634, ministre protestant à Bordeaux.

CLAUDE II, seigneur de Boinet en 1663, seigneur de Favières en 1697.

JACQUES-GUSTAVE DE MALORTIE, chevalier, marquis de Boudeville, se marie en 1691, assisté de son oncle maternel, le comte de Hombourg; puis il devient comte de Hombourg.

GRACIEN, comte de Sarrau, seigneur de La Cassaigne, capit., comte par lettres patentes du 6 novemb. 1704, ép., en 1709, Marguerite d'Espagne de Ste-Colombe d'Autrey.

CHARLES DE SARRAU, seigneur de Cornets, Largelière, Boinet, né le 2 décembre 1669, mort le 13 août 1749.

JEAN-FRANÇOIS, marquis de Malortie, capitaine.

MARIE-ANNE, ép. en 1740, François de Gaude, Cte de Martainville.

PIERRE, cap. en 1745.

CLAUDE, comte de Sarrau, seigneur de La Cassaigne, épouse, avant 1750, Jeanne-Marie de Bourrousse

Il est le trisaïeul de Louis-Henri de Sarrau, chef actuel de sa famille, à Bordeaux.

Leur fille, Marie-Thérèse, épouse, le 5 août 1740, Philippe-Charles, comte d'Hunolstein.

Leur fils, comte de Sarrau, a laissé de son mariage avec Mlle de Monpezat : Jean-Gustave, dernier comte de Sarrau, et Mlle Flora de Sarrau, qui habite Agen.

LES ARMES DE SARRAU sont : *de sable, à trois membres ou serres de griffons d'or, onglés d'argent.*

TABLE

Indiquant la branche et le degré de filiation de chaque membre de la famille

du Cauzé de Nazelle.

TABLE GÉNÉRALE

Agen, septembre 1870,

J. de Bourrousse de Laffore

CHANGEMENTS SURVENUS

Depuis la rédaction ou pendant l'impression de cette Généalogie.

La comtesse DE TASCHER, née Clémentine de Maulgué d'Avrainville, veuve de Ferdinand, comte de Tascher, ancien pair de France, et mentionnée à la page 48 comme résidant à Paris, est morte dans cette ville le 14 novembre 1869.

DE LARTIGUE (Hippolyte), mentionné à la page 12 comme général de brigade, commandeur de la Légion d'honneur et inspecteur général du tir à Paris, a été nommé général de division, par décret impérial, durant les premiers mois de l'année 1870, commandant d'une division dans le corps d'armée du maréchal de Mac-Mahon, et grand officier de la Légion d'Honneur (après la bataille de Wœrt ou de Reichsoffen), par décret impérial du 20 août 1870 (*Journal Officiel*).

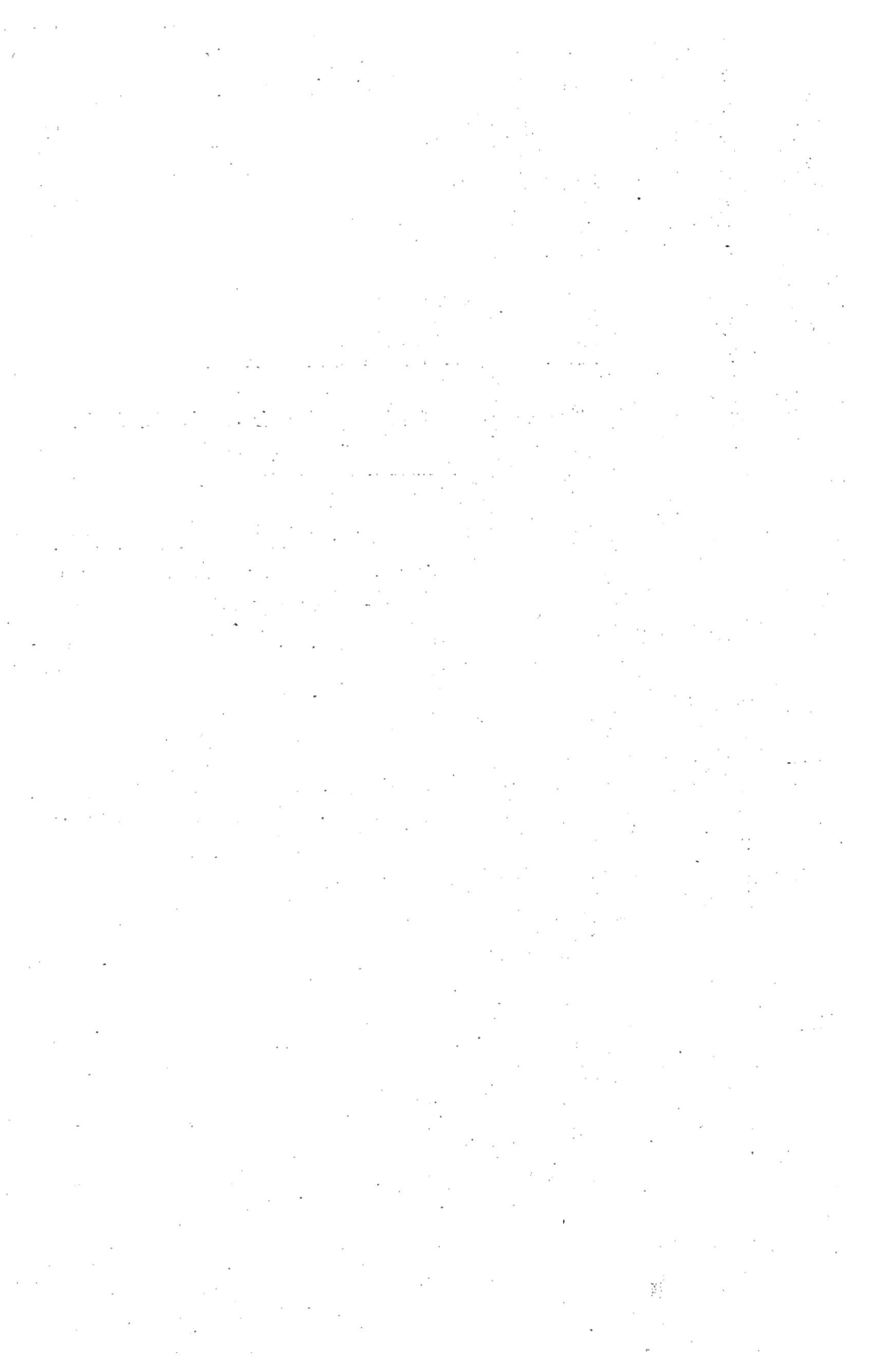

TABLEAU GÉNÉALOGIQUE DES ARMES

DES MARQUIS DU CAUZÉ DE NAZELLE

MARQUIS DU CAUZÉ DE NAZELLE.

● PÉLAGRIEN DU CAUZÉ, chevalier, seigneur en partie de Saint-Médard en Agenais, au XIIIᵉ siècle (voir page 2).

I — ● Noble CHARLES I du CAUZÉ, tué l'an 1480, dans les guerres soutenues par le roi Louis XI pour revendiquer la Bourgogne, contre Maximilien d'Autriche (voir page 4).

II — ● FRANÇOIS I du CAUZÉ, prisonnier à la bataille de Pavie, le dimanche 24 février 1525, laissa deux fils, Charles II et François II, p. 4.
— ● CHARLES II, capitaine d'une compagnie de chevau-légers, tué l'an 1562, était le frère aîné de François II, p. 4.

III — ● FRANÇOIS II, capitaine en 1562, p. 5.

IV — ● ANTOINE I du CAUZÉ, épouse N.... du Bois, p. 5.

V — ● Noble JEAN-FRANÇOIS du CAUZÉ, écuyer, seigneur de Nazelle, épouse Anne de Bedon, le 18 mai 1632, p. 7.

VI — ● HÉRARD I, seigneur de Nazelle, épouse Marie de Mollet, 1642, p. 40.
— ● JEAN-CHARLES I, sieur de Lisle, ép. de La Bruestière, dame de Castelvieil, p. 9.
— ● JOSEPH I, p. 40.

SEIGNEURS DE BALIGNAC.

VII — ● Joseph II, seigneur de Balignac, p. 56.
— ● Antoine II, sieur de Las Barthes, p. 42.
— ○ MARIE-ANTOINETTE, p. 42.
— ○ MARIE I, épouse Jean de Larrigue, 1673, p. 42.

SEIGNEURS DE LISLE.

(branche de Balignac)
HÉRARD V, p. 59. — ○ RENÉE, — ○ GUISCLE, — ○ MARIE FRANÇˢᵉ, — ● Jⁿ-LOUIS, p. 61. — ○ MARIE-CHRISᵗⁿᵉ, ép. de Carmont, 1731. — ● JOSEPH, — ● ANT. III, sa fille Marie ép. Cibot de Vignes.
FRANÇOIS IV, p. 60, ép. de Noguères. — ● GABRIˡ PIERRE, ép. de Thomas. — ○ GABRIˡ MARIE — ● Jⁿ-LOUIS II, p. 63. — ○ ANNE Vᵛᵉ, p. 62. — ○ RENÉE — ● COMBET-ANGEL., ép. Casauppo de Tuquelot.
HÉRARD VI, p. 60. — ● Mˡˡᵉ ANNE ép. de La Gaurie, p. 60. — ● TRENESE — ● Mˡˡᵉ MAG-DELENE. — ● Jⁿ-LA-VICᵗ, ép. d'Atrassere, Angélic. — ● COMBET-ANGEL. III, p. 63. — ○ JEANNE-EMILE. — ● JEANNE-Angélic.

VIII — ● HÉRARD II, seigneur de Nazelle, né en 1617, lieutenant des maréchaux de France, p. 42.
— ○ MARIE-LOUISE, ép. Raymond de Misandie, 1716, p. 25.
— ● CHARLES-LOUIS nᵉ de Lisle, capitaine, p. 50.
— ● HÉRARD III, p. 25.

IX — ● HÉRARD II, seigneur de Nazelle, vicomte de Prouvais, lieutenant des maréchaux de France, etc., p. 25.
— ● Le chevalier, p. 25.
— ● ARNAUD-HÉRARD, p. 150.
— ○ CHARLES Lˢᵉ-○ LOUIS, ép. de la Gaurie, colonel, p. 52.
— ○ LOUIS, coᵗᵉ de la Gaurie, p. 52.
— ○ ANTH. LOISE, ép. Lagome. — ○ TRÉRÈSE-Lˢᵉ, ép. Lagome.
— ● MAGDELEINE, ép. de Cauzé Lasserre de Balignac.

X — ● LOUIS-CHARLES VICTOR I, premier marquis du Cauzé de Nazelle, en 1738, p. 30.
— ● † 1730.
— ● ARNAUD-HÉRARD, p. 150. COMTE PHILIPPE.
— ● ÉGISTE-CAPIT-Lᵉʳ, ép. le Cᵗᵉ d'Herbemont, p. 36. — ● PHILIPPE, Cᵗᵉ p. 443.
— ● MARIE-CLO-TILDE, ép. le chevalier de Gaurin, p. 34.
— ○ FRANÇOIS, p. 55. — ○ HORTENSE, ép. Joseph de Thermes, p. 55.

XI — ● LOUIS-CHARLES-VICTOR, 2ᵐᵉ marquis, p. 35.
— ● FRANÇ-L-HÉ-RARD-VICTᵣ, Vᵗᵉ de Prouvais, p. 35.
— ● LOUIS-HÉRARD-RARD-VICTᵣ, lieut-colonel, p. 37.
— ● LOUIS-Jʰ-HÉ-RARD-VICTᵣ, dit l'abbé de Nazelle, p.31.

XII — ○ ANGÉL-CATHᵉ-Lˢᵉ-VICTᵉ, ép. de Chamusio, p. 35.
— ○ BLONES-○ AGLAÉ TINE.
— ● CHARLES-HÉ-RARD, p. 40.
— ○ CAROLINE-VICᵗᵉ Mˢᵉ ép. du Pieix deMézy.
— ● Lˢᵉ-CHARLˢᵉ, ép. le Cᵗᵉ de Balathier.
— ● FRANÇOIS-HÉRARD.

XIII — ● HENRI-HÉRARD. — ● MARIE-CHAR-LOTTE. — ● FERDINAND-Fʰ-HÉRARD.

www.ingramcontent.com/pod-product-compliance
Lightning Source LLC
Chambersburg PA
CBHW070904280326
41934CB00008B/1576